Geo Vasile

Trinity
Poeme de dor, dolor, doloris

București, Calea Giulești 333, sector 6
cod poștal 060269, România

Difuzare / distribuţie carte: 021 348 14 74
0733 131 145, 0728 084 802
difuzare@edituraeikon.ro

Redacţia: 021 348 14 74
0728 084 802, 0733 131 145
contact@edituraeikon.ro
www.edituraeikon.ro
www.librariaeikon.ro

Editura Eikon este acreditată
de Consiliul Naţional al Cercetării Ştiinţifice
din Învăţământul Superior (CNCSIS)

Descrierea CIP a Bibliotecii Naţionale a României
VASILE, GEO
Trinity: poeme de dor, dolor, doloris / Geo Vasile; postf. de Elsa Dorval Tofan. - Bucureşti: Eikon, 2023
ISBN 978-606-49-1054-7

I. Dorval Tofan, Elsa (postf.)

821.135.1

Tehnoredactor: Claudia Popescu

Editor: Valentin Ajder

Geo Vasile

Trinity
Poeme de dor, dolor, doloris

Postfață de Elsa Dorval Tofan

EIKON
București, 2023

Scrierea acestei cărți s-a bucurat
de sprijinul
financiar Copyro

Sonet cu magnolii

Primăvara își scutură prin sistola suplă
magnoliile, tegumentele timpului tragic,
în oglindă e duminică, în vis se întâmplă
lucruri mai presus de realismul magic...

Ochiul tău coboară spre-ombilicul helicoidal
al iubitei, vă priviți, vă spuneți cuvinte
extravagante, presărate cu sonuri de caval,
vă iubiți precum macul și aducerea – aminte,

dormiți precum vinul în ulcioarele
de la Pompei, precum zbuciumul mării
în fluxul sangvin al arterelor zării,

e timpul să se spele cugetul de cele rele
e timpul ca și piatra să învețe să-nflorească,
și timpul să înceapă să sfârșească!!!

Sonet cu meşter german

Vorbeşte dacă tot te explorează cateterul,
vorbeşte ultimul, ţine-l de vorbă-n orice idiom
nu vezi decât tenebra, nu vezi vitralii, cerul.
aici artere cântă life a media luz de amor.

Vorbeşte clar fără să mai desparţi eu ştiu de ştie,
verdictului dă-i și o noimă şi-o factură,
şi-ndoliază-le ca meşterul german întru
melancolie,
în zbuciumul de miază-noapte alchimica tinctură:

Ia câte-o linguriţă înainte de-a pleca din casă,
căci se restrânge locul unde zăboveşti
n-o să te doară omuşorul, și nici n-o să mai
crâcneşti,

tastează sus, devii tot mai subţire, de
nerecunoscut,
mai fin chiar ca axonul ce-și recunoaşte axa...
și spune-i cateterului că te-a tăiat şi te-a ***durut...***

Sonet cu baliză

Saltul mortal, viaţa felină, vânătoare, cursă,
fraze lipsite de lucoarea angiografiei,
cablul păcatului venusian merge la sursă,
ecranele-şi arată seminţele chiromaniei.

E o baliză-n clocot de ocean, navigatoare,
aştepţi în chip absurd semnul tămăduirii,
prin sunete parfumuri clamate prin culoare,
pe crucea răstignirii, visând plexul iubirii...

Privelişte de urne, ulcioare de arome vorbitoare
autoerotismul, al gurilor de tun, al buzelor de fum,
trufa nebunului, alb-cenuşie, pe google – căutare...

un colţ de poezie lapidară rămasă fără groapă,
orfana jumătate a cochiliei, răzbunătoare,
al zarurilor joc în contra morţii poate să înceapă.

Sonetul nanosecundei

Deşurubat-ai craniul zilei de-apoi c-un ax ovoidal,
în timp ce bruta, feminină-n carcasă făcea şi refăcea
înc-o paradă a formelor, ca-ntr-un seism pe canapea,
chiar dac-otrăvitoare precum o muşcătură de crotal.

Te vezi în turnul de ivoriu unde prezicerile – abundă,
fumul se scurge şnur, viaţa – corpuscul – undă –
adori prin gaura cheii epiderma Venerei Pandèmia:
îşi exhibă concave, convexe curbele, alias Eva.

gata să crape veşmintele, fiece nanosecundă
de ispită declanşând un vortex de ovule-n aval,
peripatetic sex, fertil, atotsăgetător amazing elicoidal...

Va să-nflorească din aceeaşi necontenită undă
pe străzi, în parcuri, în subteran, în aripi prin văzduh,
momindu-ţi simţurile cardinale contrar sfântului duh.

Sonetul viitorului
fără plecare

În calcul diferențial ia acalmia și punctul de sosire
ce niciodată de zbuciumul talazului nu e ajuns,
vibrează, ici și colo, două minți menite să se mire,
întreabă câte strigăte și câte dioptrii are în plus.

Privirea mitologică – a Meduzei? Cu genele cusute
umbre în Purgatoriu, dar și arcane borderline pe rugul
luxuriei și-mpărtășaniei avem eresuri și anacolute!
Dar cele două minți nu știu s-asculte-nmugurirea, crugul...

Astfel din timp aveam doar jumătatea: un viitor fără plecare.
Rămâne doar prezentul, nu-ți ajungea parfumul și nici crinii
angelicei zăpezi, tânjeai după Lighea cea veșnic iubitoare,

adolescentă veșnic, și-aducătoare-a morții amanților marini,
s-asculți de-a ei chemare suprafirească era tropu-alipirii,
ocna crucificării pe trupu-i inuman, meninge-izbăvitoare.

Sonet cu perlă

Îndoliate siluete depravate precum o epocă străpung
perdelele, spun că sunt menestreli înrudiţi cu ardoarea,
poartă ascuns în ei Verbul, răstignirea-nvierea precum
perla în stridie, ştiu pe de rost poemele luminii, paloarea

lunii, amintind de chipul tău cenuşă de proaspăt deshumat,
fraze tocite se revarsă din el pe străzi ca mareea lagunelor,
a început numărătoarea inversă a zilei şi nopţii tale, exilat,
rămâi ca roua-nsângerată în memoria feminină a dunelor.

Aşa fi-va sfârşitul când o să fii scos pe umeri, din biserică:
– mai bine să se-audă un ropot de aplauze urmat de-o poezie,
pe – nfrigurata pleoapă a sicriului vor scheuna buchetele de erică.

Viersul privighetorilor va face potirul cerului să dea pe-afară,
ofranda de angiosperme și-esențe tari, cum într-un tratat de erezie,
concava existență-avută prin lobul temporal în poza ta precară..

Sonetul epiglotei

A Emei epiglotă neîncetat emite sămânța vocativă,
acel orfan stingher și lepădat morfem chiar de Morfeu,
unde-a crescut, orfelinatul, acolo l-a rostit precum o divă,
la masa de ruletă câștigând consoane în formă de trofeu.

Fiind adolescentă Inna a născut și și-a ucis copilul,
coșmar ce pace nu i-a dat nicicând și nici deliciul artei,
ca somnabulă avea a doua viață, scana virusul, stilul,
inocupabila-i vocație în slujba și la picioarele Hecatei.

Din ochi verificată, din circumvoluțiuni rostogolită
marca de fabricație, leagănul feselor, seism fără cusur,
anatomia Innei fusese într-un tablou celebru dezvelită.

Bucium de-acuma calcaros, o, Doamne, ce cutremur,
în naufragiul tornadelor lichide nu s-a făcut lumină,
doar zori și explozivi i-au mai rămas în loc de dopamină.

Sonetul hematiilor

Scăpărătoare-s hematiile din să trăiască
cenușa din dezastre îneacă notele de canto,
gazata noastră amintire dă să nască
perle pentru biruitorii pe mare la Lepanto.

Seceri mecanice pe-orbite de comete deshumate,
albi cenușii cocori stelari migrând spre lună,
te-arunci în val vărsând preaplinul de carate,
decolorând chiar marea în spume de nebună.

Un bloc de sare cristalizat, luminiscent pe plajă,
dă la iveală scrisori de-adio semnate de-necați
ce se întorc pe seară în stoluri de rumoare...

Se-aude rugăciunea de la taverna – „A mării vrajă" –
în amintirea celor fără de mormânt, plecați
sub anabasice rafale, sfințindu-le prin vânt
cărare...

Sonet cu dedițel

Firul metaforei se coase în timp ce se descoase
în cer concentric cu stele descrise de compas,
ele își zic creștine și chiar au harismă de mătase
în ochii viitorului care de fapt repetă pas cu pas

cine mai știe ce ritual hrănit cu foc smirnă, tămâie
cu sânge și incesturi, pulberi acum trase pe nas
printr-o bancnotă tubulară, cu dedițel la căpătâie...
la poker nu-și îngăduie istoria decât un singur as.

Preferă să se-nchidă-n cercuri, dar fără vreo ieșire,
fie arzând de tot precum Giordano sau Savonarola,
în avataruri șubrede, anticipând o iminentă
 prăbușire,

fie asemeni acelor tatuaje licantrope pe coapsele
 iubitei,
ce răsar brusc în centrul schimbărilor urlând
 parola,
c-apoi să se evapore-n văpaia lunii, a rugurilor, a
 orbitei.

Sonetul harfei

Seringa acul puncţia... ţi-au fost afund străpuns
foramenul arterei, şi au ajuns la ostia coronară,
în clarobscurul atelier cadavrul viu împuns,
şerpuitor, voiai doar viu să ieşi din iarnă-n vară.

Spre a părea că-ţi face numai bine, acel gnom,
nu ţinea seama de dureri, spunând, lucrez pe vas,
exact în angiozona harfei trăgea din arc un as...
sistemul *guideliner* e de succes dar nu fără balon.

A încercat chiar totul fără să perforeze poarta,
avea mereu recul în lumenul pe veci calcifiat,
putea să se răzbune prin penalty dar, ah, a
renunţat.

Văzând acea structură lirică arzând pe targa-
ngustă
de unde capul cobaiului bezmetic îi tot aluneca,
a pus un dop şi jocului secund o prea frumoasă
crustă...

Sonetul călăului

În Capşa, Trocadero jurai ca la Strasbourg,
vorbeai curent franceza pentru acel fobourg,
un număr absolut de-enzime te include,
veneai cu femei noaptea pentru consum, zălude.

Tu singur îţi bagi capul în laţ, călăul jubilează,
ştiind cât eşti de dornic ca să-ţi deschidă porii,
una din căpcăune sculptate-n gâtul prorii,
te-nsemina cu germeni meniţi de Bobotează.

Tu, gheorghe – al îndurării, prea îţi cunoşti
  prihana
precum jungherul la fiecare pas în fossa poplitee
pe care o devoră cât ai clipi acel banc de piranha.

Tu, gheorghe-al sufocării, întretăiat de vânt,
străpuns de grindina-n rafale, deghizată-n sfânt,
incizie în vid, dor... frumuseţe toxică de azalee...

Sonet cu spice...

Sculptate-n creier spice săgeţile barbare
insuflă vieţii tale la limită dorita – abilitate
de a-şi regla şi pulsul şi ţărmul fără mare
ce n-o să răcorească-un cod de-agilitate.

Perdelele de brumă, cuvinte, de revoltă
mai roşii decât roşul barierei coraline,
alunecoase pârtii spre terapii de boltă,
frunzele toamnei înhumate în vitrine.

Întipărite-n aur, monezi, silfe chiar decoraţii,
figuri de stil, stileme atotdăinuitoare
vrafuri de cărţi sticloase, virgine, necitite

aşteaptă deflorarea preafericitei naţii,
corimbe de lumină, fibule, chiar şi dactile scite,
din orgile sfărâmate, din sumbre aspersoare.

Sonet în unghi de azimut

Ci vino iar de-ţi ocroteşte cerşetorul,
invocă-i crosa, crucea inimii şi coronara,
mareea sângelui precum amorul
flux şi reflux, o tu, femeie, selenara...

Ai grijă să-i dezmierzi doar zone erogene,
supliciul să îi fie aproape îngeresc:
căci el e-nchinător la muza Melpomene
și darul lui va fi, bineînțeles, unul regesc....

Aruncă-ţi rochia ta de-adrenalină
pe ochii lui cuprinși în unghi de azimut...
ești viciul însuși cel fără de vină,

Intră cu el odată în cuvântul totemic rut:
s-aveţi tubul de oxigen pe-aproape
și de îmbălsămare aseptic fard de pleoape.

Sonet cu arini în flăcări...

Arinii negri-n flăcări cu coaja lor sălcie
vibrează stins sub palele de vânt,
înfiorându-ți trupul scăpătat ca-n prorocie,
din ceruri până la doi metri sub pământ.

Fulgi calzi cum discuri biconcave-eritrocite
în eprubete-așteaptă numeroase,
trufia nepăsarea vanitatea-s osândite
în cărțile Divinei, trinitare, numinoase.

Pe-Apa Sâmbetei ce varsă-se în clinici,
se duse-agoniseala săracului cel lacom,
scrib în el însuși, în groapă de chirpici,

visând doar horbote scăldate în Lancôme,
pe piept cu anamneza în vârf de tricuspidă,
ești dus la angioplastie, mușcat de o aspidă.

Sonetul zăpezilor supreme

Soare cu dinţi geroşi, neîmbânzit promite
atingeri, sărbătoare, armistiţii,
într-un februarie de gemeni şi vărsător râvnite,
roşii îmbrăţişări pătrunse-n interstiţii.

Un doliu de decenii - în fine asfinţit -,
de sărutări iluminat ca în sonete,
glisări cum numai cuplul hărăzit
al lumii în plin război şi-aliniere de planete.

Alunecări înalte disperate de milenii,
uitări, ispite, răzbunări, zăpezi supreme,
între extremele de foc fără ninsoare.

Întâmpinări, plutiri vertiginoase în trireme
pe marca gloriei, păcatului cu mirodenii,
iubire clandestină, genuni şi ascensoare.

Sonetul mântuirii

Ești mai sărac cu-o nuntă, preafericit
să legi extremele de foc-lumină și de ger,
ți-a fost, milenii, beznă, când fosta-i chinuit
de acea foame lăuntrică de-a te simți pubèr.

Când iată că splendoarea Emei apăru de - odată,
potir al dăruirii de zâmbete vrăjite
și soare blând, aproape rugător ca niciodată,
te mângâie speranța glisării nesfârșite.

Culisele glisării din sonet vor fi o amintire
și fi-va însăși ideea de neputință, de-ofilire
un vis urât și macii din durere vor exploda mai vii.

Ea te va-ilumina cu zâmbetu-i nativ, oh, mântuire
calmă născută-n zodia înțelepciunii pierderii
de sine, a forței irosirii cumpătate de a se dărui.

Sonet life

Vorbește dacă tot te explorează cateterul,
vorbește-incontinent, recită-i în orice idiom
nu vezi decât tenebra, nu vezi vitralii, cerul.
aici artere cântă life a media luz de amor.

Vorbește clar fără să mai desparți eu știu de știe,
verdictului dă-i și o noimă și-o factură,
și-ndoliază-le ca meșterul german întru
melancolie,
ce fabrică în miez de noapte alchimica tinctură:

ia câte-o linguriță înainte de-a pleca din casă,
căci se restrânge locul unde zăbovești
n-o să te doară omușorul, și nici n-o să mai
crâcnești,

tastează sus, devii tot mai subțire, de
nerecunoscut,
mai fin chiar ca axonul ce-și recunoaște axa...
vorbește cateterului, mustră-l că te-a tăiat și te-a
durut.

Sonet în fa minor

În inimă se cască sondele și fălcile tăioase –
ale genunii, ceru-i aprins până la Dumnezeu,
dar înțesat numai cu nopți și zile scorburoase,
tu ești străinul straniu, fără de rost trofeu.

Ea, cea menită de milenii să te-mbrățișeze,
nu-ți știe arpegiile dorințelor și recviemul,
și nici arcanul vieții cârpite cu proteze
de plastic, de titan, ceramică, blestemul:

vă ignorați mai abitir decât pământul
ce nu-și cunoaște rugurile clocotind sub el,
n-aveți de-ales decât să faceți legământul

rotindu-vă-n tărie ca doi aștri fără țel.
Tu ești cel însemnat născut spre-osândire
pe-orbita formelor concav-convexe la orbire...

motor

Motor

Voind să-ţi răsădeşti oarece visuri
ai şi ales sânul în floare al celei
mai visate fecioare siluete. Astfel
trăieşti întru speranţa trandafirului
chiar dacă-nchisă în càpsule exotice
de mâna-ntâi. Febra ce-apoi incendiază
şi-ngheaţă spatele, posibilă lucrare
a otravei spre-a face diferenţa între
fostul mamifer cvasi sălbatic, motor
aprins şi duduind la prima cheie,
şi nici urma de viaţă ce ţi-a mai rămas.

Daruri otrăvite

Locuite de pustnici chiliile colinelor
verzi oglindesc undele mării
ce-aruncă pe maluri hrană
în formă de pești sclipitori,
de vechi vinuri, de fermecătoare
sirene, de-Armide, daruri otrăvite
spre a-i sminti pe ei dar și pe tine:
fără să fi văzut cutreieri plajele
să culegi versuri numai și numai
ficțiuni, fantasme anume înviate
spre-a-ți redobândi stima de sine.

Agorafobic

Abia ce terminai de scris un text
ce încă fumega, îl reciteai sub lupă
și-l urâțeai, împovărându-i răsuflarea,
și-așa agorafobică, atrium în fibrilație.
Schimbai lexeme, figuri sintactice,
plantai capcane test, piedici,
făceai și mai alunecos țesutul.

Credeai că e o faptă de creație,
sau altfel spus, de reproducere,
de fapt era o tentativă ratată de
comunicare, textul tău e asfixie,
rezistență arsă a cugetului,
fișă clinică a celui ce a scris.

Adio pe-ntuneric

Bilanţul lucrurilor neprielnice
precum acel bec explodat în holul
Gării de Nord, aşadar nevoit să
îi spui adio pe-ntuneric elevei tale
în uniformă, cu basoreliefuri de care
te temeai ca de-un incest,
a fost din start pariu pierdut,
iar veacul nu va mai fi cel al luminilor,
ci-al beznei ce pentru noi toţi
neolatinii ea ar putea dăinui.

Mângâiere

Cărţile devin încet-încet un atentat
la spaţiul vital al cititorului,
totuşi el nu poate renunţa
să le răsfoiască deşi ele nu sunt
atât de generoase, cărţile nu ştiu,
precum garoafele, de pildă
să moară şi să renască şi-n cele
din urmă să moară de tot.
Ceea ce e prielnic e ceea ce trece.
Ceea ce năzuie să fie veşnic
nu e o mângâiere pentru
muritorul sau cititorul de rând.

Incidente sau accidente

În fiecare zi un grăunte de ură
a fost aruncată în circumvoluțiunile
creierului tău...
și totuși el a reușit să înfrunte
felurite atacuri,
incidente sau accidente
cerebrovasculare,
exorcizate de coiful
Minervei, de care
nu te-ai despărțit încă de la naștere,
binecuvântat fiind
de sfânta Nucului, maica ta.

Aruncare de zaruri

În fiecare zi o picătură de sânge
vărsată în Marea Profund Roșie
poate-nsemna: o aruncare de zaruri
nu va aboli niciodată hazardul,
în caz că omul ar fi
cel mai înrăit vrăjmaş al omului,
iar tu ai fi
cel mai bun prieten al iluziei,
ţintă predilectă-a săgeţilor:
focuri de sărbătoare-n pustiu
viaţa, cantonament provizoriu
cenușă și salcâm înflorit
o aruncare de zaruri pe groapă.

Mâhnire

Pe zi ce trece înţelegi că scriitura ta
îşi pierde rezilienţa,
ivită dintr-o bulimie de vocabule,
nu rişti să te mai plimbi printre ele,
temându-te să nu se descompună...
te-apucă o ireversibilă mâhnire:
cărţile tale –n joc nu au o mină
impunătoare, aura sau arhetipul
ce le-ar feri de stricăciune...

Ferice de-autorul evangheliilor:
inspirat de Verbul cel fără de prihană
vede încă din desprinderea sa din inform
forma din urmă, cea a comuniunii
cu esenţa, tot astfel pescuitorii de perle
ce se scufundă-n abisul marin
spre-a aduce -n lumină forma ultimă
a frumuseţii, cu ochii-n flăcări de sânge.

Trup și suflet

În țesătura trupului se gravează
orice prefacere a sufletului,
orice tortură, triumf, cădere,
ascensiune, compasiune.
Dar numai pe chip, pe abscisa
înaltă-a privirii, oglindă
a zorilor și asfințitului tău, în sfera
unde se reproduce
circularitatea corpurilor cerești,
doar acolo sufletul în chip suveran
se exprimă.

Rețea de socializare

Chipul se împrumută unei fotografii,
unui prim-plan, noului obicei la modă
auto-avatar selfie, confesiune - extremă
declarație publică de istovire și amăgire
în ceea ce te privește pe tine și lumea...
nevoia de a ispăși cheamă-n ajutor
privirea celorlalți... numai că Mântuirea
nu are cont pe facebook.

Seducție

Las-o pe inspiratoarea ta Ruth
să completeze narațiunea
cu-ntunecimea și limpezimea ei,
în înclinarea fără de sfârșit
melancolică a capului,
întru înfiriparea seducției
unui surâs,
în scânteierea unei priviri glaciale
sau precipitat de-ndoliată sinucidere
în postfața
vieții tale frauduloase.

Mesager

Văpăi prielnice se întretaie
în punctul unde licărește spirala
ce ne repede spre înalt – prezumțioși –
în aerul sticlos al celor patru
virtuți cardinale: prudența,
justiția, fermitatea și cumpătul.
Destinul cărțile le amestecă, aprinde
galbenul mlădios al lalelelor
la ceasul în care-ai ajuns
s-aprinzi dorul neîmbânzit
de-mpreunare, tu angelodemonic
mesager al morții poetului.

Occidentul meu

Occidentul meu e ceva ascendent,
digeră mai multă istorie decât cea
pe care o secretă, are un genunchi
pentru moarte, un triciclu pentru iubire
și aici știi bine îți găsești grabnic o casă
sub cerul ce-și supraveghează aștrii
să nu cadă din pat...
în schimb tu erai cât pe-aci să cazi la pace
cu-ademenirile istoriei, cu a vânătorii oroare
uitând de patul florilor înrourate.

Fresce

Ai început să te privești drept în ochi
în ziua în care te-ai risipit.
A fost de-ajuns o veşnicie subită
ca să-ţi arate că nu tu erai
cel ce vedea frescele clarităţii
ci un ochi al fractalului,
mai singur, potrivnic, şi trupurile
s-au prefăcut în fantasme, iar
fantasmele în întrupări de umbră.
Atunci acesta ar fi chipul secret,
înlăuntrul trădat? Urmărindu-te-n
ochi, ai înţeles în cele din urmă.

Orele cinci ale serii

Fructul acela șovăielnic ce-ți este inima
nu trebuie să se usuce de ce îți e scris:
las-o s-aștepte fără să tragă nădejde
căci iubirea-i o veste
ce mai curând sau mai târziu sosește.
Dar mai întâi și totdeauna e singurătatea.
și tu ești cel singur, singur
cu păcatul tău originar, cu tine însuți.
Poate pe la orele cinci ale serii
Îți bate la ușă iubirea și totul explodează
și-n tine, prin frunte și glezne, țâșnesc flăcări
ale aurului clocotit nostradamic...

Mai ales atunci, ai grijă să nu uiți,
când iubirea te împresoară și arzi,
că mai întâi și totdeauna e singurătatea.

Strălucitor de viu

Față-n față cu priveliștea încă
mușcată de ger
dintr-odată explodează
ghiocei cu plăpânda lor strălucire,
tu flamură de moarte prematură
și-a tuturor ce stau să-nceapă,
ai echilibrul folosirii materiei
și firave semnale de speranță
gata să expieze,
strălucitor de viu,
gâtuit de cleștele morții.

Pulbere diamantină

Ai vrea să ai numai un pat de pulbere
Diamantină întru care să dormi o mie
de ani și o carte deschisă la pagina 2020
unde se spune că la ceruri se urcă
cu ochii și cu mâinile, te vezi la plural,
te auzi trosnindu-ți încheieturile,
doar recitind mesajele îți amintești de tine:
în numele celor pierdute-ntr-o clipă
de șase decenii împletești numele
diverselor nopți cu idila tuturor simfoniilor
neterminate: felul tău politicos
de a ieși din scenă.

Vârfuri de arbori

La fiecare colţ clădirile
închid calea-ntâlnirii,
cu toate astea ne-ntâlnim,
stăm drepţi spre a-ntâmpina stihia.

În ignorata provincie est europeană
ninsori siberiene bat la uşă,
ploaia acidă biciuie fără răgaz chiar
şi ferestrele spitalelor
în care stăm în ascultarea picăturii
chinezeşti pe-acoperişuri, tensiunea
scade în ale Ursei Mari artere:
unduioasele vârfuri de arbori
se – apleacă şi ne-ntind o mână.

Barză neagră

În timp ce eu visez că aş fi viu
tu te visezi că nu.
Și dacă tu visezi că nu mai eşti,
eu vieţuiesc din visul tău.
Iar dacă-n visul meu refuz linţoliul,
atunci un chip hexagonal se răzvrăteşte.
Și dacă nu mai şlefuiesc în vis diamante,
e vinovat destinul nostru cuantic
ce fărâmiţează toate visele.
Și dacă maica mea a fost un vis,
o barză neagră zboară peste braţul meu,
luat cu împrumut de la miticul nuc.

Punct de sosire

Acalmia ia în calcul punctul de sosire
ce niciodată de zbucium nu-i ajuns.
In el stârnește pietatea
lumii un cutremur lăuntric.
Vibrează, ici și colo, două minți.

Întreabă câte strigăte posedă
o privire? Câte corpuri vândute
avem, câte ard de vii înainte de
împărtășanie, de cheia de sol?
Dar cele două minți nu știu să asculte.
Astfel din timp aveam doar jumătatea:
un viitor fără plecare. Rămâne doar
prezentul, angelică nea, nu-i de-ajuns.

Elogiul inocenților

Închisă ermetic celor puternici,
poezia e o ușă larg deschisă inocenților.
Inocentul refuză să slujească
orice fel de putere fiindcă dispune de toate,
inclusiv cea de a arde pe rug
întru Cuvântul din stupul invizibilului.
Ușa poeziei nu are cheie și nici lacăt:
e apărată de propria taină de-a fi
incandescentă; doar inocenții,
născuți cu degete și ochi pururi în flăcări,
pot s-o deschidă, să pătrundă dincolo...

Plaga

Acum când plaga ţi-e curtată de spini
şi în lumina ginestrei vela de sânge
este linţoliul tău, întoarce-te la tatăl
de care-ai uitat, dăruitorul averilor
cheltuite de tine, ridică-te din păcat
chiar dacă în ultima clipă...
şi-atunci ţi se va dărui haina cea dintâi,
inelul şi încălţămintea,
adică Botezul, Iertarea şi Puterea
de a călca peste jarul ispitei.

Litere de ceaţă

Care-i mai moartă, hârca sau natura moartă
cu hârcă? care moarte este mai vie? a artistului
flamand sau a hârcii?

În timp ce valsezi pe străzi cu Ofelia
şi moartea gravează litere de ceaţă pe sticla
obrajilor tăi, te întrebi: (a fi sau a nu fi ?), de unde

venim şi ce nume poartă menirea noastră
pământească: moarte, somn, sau al morţii
galben vis cu margarete?

scurtcircuit

Scurtcircuit

Tot trecutul tău îţi este inclus
în viitor precum taxa pe valoarea
adăugată în preţ, îţi dai sau nu
seama, cum erai în copilărie,
aşa vei fi până când nu vei mai fi,
ghilotinat de un scurtcircuit al
neuronilor...
viaţa ta a fost cea care trebuia să fie...
sub raza nemiloasă a câmpului magnetic
belşug de canceroase celule-asociale
ce fiecare-n parte își sleiește gazda
de-a vieții limfă, și totodată pe ea însăși.

Casa inimii

Temeiul poeziei nu este acuplarea
perpetuă între nori de sex îndoielnic,
sau chiparoşi pictaţi cu coame răvăşite
sub rafalele vântului venit de pe mare,
ci disperarea lucidă, poezia nu este
sentiment, ci o stare („îi iert pe toţi şi cer
iertare tuturor, şi cât mai puţine bârfe"),
poezia nu-i o bufonadă, *un trompe l'oeil,*
ci un fel de a fi liberi dincolo de orice
ideologie, ciupercă-otrăvitoare răsădită
în ghetoul ateist,
unde poetul va să fie mereu
persona non grata...

Libertatea ce poartă sigiliul voinţei divine
smulge Răul de la rădăcină, întronizând
poezia în casa inimii omului.

Lucifer & supuşii

Umilit prin origine şi prin cele patruzeci
şi şapte de ocazii în care era să mori
de sărăcie şi singurătate, uitând de cerul
înstelat de dragul materie și formelor și brute
a chemărilor susurate de Lucifer & supuşii,
uitând s-aprinzi o lumânare în amintirea
mamei tale, zisă şi sfânta Anna a Nucului...
grăbeşte-te să dai cu biciu - afară din tine
desfătarea minciunii, a vanității, a trufiei
şi vei pricepe în fine singurul mod
de a nu te mai teme de genune: priveşte-o,
măsoar-o, explorează-o, fii tot una cu ea...

Imitatio Christi

Striviţi sub cruce în vreme ce urcăm
Golgota proprie, ne amintim:
pe-aici a urcat chiar fiul lui Dumnezeu...
Şi totuşi, în ciuda atotputerniciei sale,
a strigat *Eli, Eli lama sabactani*, apoi şi-a
călcat pe inimă şi a învins moartea...

murind şi înviind, fusese predestinat
să fie egalul Tatălui Său cel fără de-nceput
şi fără de sfârşit...
sub o astfel de aureolă,
cine n-ar vrea să fie răstignit?

Unii dintre noi, de-a lungul veacurilor,
au suferit poate mai mult decât Isus:
dar ce citim în înspăimântătorul tratat
al ereticului?
...a suferi, nu foloseşte la nimic...

Act vital de iubire?

Monahul îți spune că rostul vieții tale
este apropierea de Dumnezeu
şi cunoaşterea vieţii şi operei Sale,
dar toate zilele tale sunt o apă stătută
goale de sens, pline de vanităţi păgâne...
Oare sinuciderea este un
gest suprem de liberă alegere, singurul
chip de-a exprima ceva, poate chiar
marea ocazie de a săvârşi în nume propriu
un unic act vital de iubire?

Și mult mai trist decât a-ţi rata
propriul vis, este-mplinirea lui,
aşa acum apele fluviului ţâşnite
din munte ca să viseze marea,
se fac tot mai palide la faţă,
aflând că li se-apropie sfârşitul...

Gânduri conectate

Din apa-ntunecoasă a cerului
ai fost extras ca un număr
de un zeu în formă de cavernă
a cuvintelor tale fără şir,
cu-adevărat surprins
să te vadă cu acele aripi obscene.
Oh, tată, tată luciferian, sunt eu,
strigai spre stele-ncenuşate...

încă te mai miri de roşul lalelor,
de-nchiderea lor pe-nserate
când auzi miocardul poverii
de gânduri conectate
la fulgerătoarea călătorie
numai dus.

Sticlă explodată

Pe cărarea de piatră ce urca şi nu
se mai sfârşea, spre villa Jovis,
culminantă, urcai cu sufletul la gură
da-a lungul vitrinelor acelui peisaj
luxuriant, milenar, nepăsător, stânga
dreapta, în orice clipă la orice pas
presimţeai o explozie lăuntrică a
gigantului împietrit şi a inimii tale,
un roşu variabil gata să pălească,
soarele nuclear îţi topea hematiile,
grădinile Edenului deveniseră ghetou
al rătăcirii, în loc de lectică, împăratul
îţi trimitea fantasme antrenate să-nghită
inimi de sticlă explodată.

Oseminte-nseriate

În tenebra propriei identități
tot ce-am iubit se scufundă,
dar învie într-o lumină nouă
albă, baptesmală, să-i caute pe
cei încă-n viață din alte timpuri:

un chip, atât rămâne, din ceea ce
știam că ești, așa mi te închipui,
patrie, acum când tot mai tare
te-ofilești și-aici mă aflu suprasaturat
de-obscura ta tăcere și goliciunea
străzilor scuipate de un demon
zdrăngănindu-și indestructibila
ceasornicărie în locul clopotelor...

afară-n nepământuri și netimpuri,
acel tictac în centrul cuburilor de prundiș,
asemeni osemintelor înseriate
ale străbunilor, semne-ndărătnice,
metafonii dodecafonii rimate scitic
pe ritmul tâmplei celui surghiunit,
băutor de lumină din lujeri inspirați
ai stepei, înscriși în tăblițele de smarald,
în cesura orelor, în balanța limbajului
a cuvântului, a patriei, a exilului...

Tumul

Vei fi o fantasmă binevoitoare străpunsă
doar de tinerețea ce-ai avut-o atunci când
te-ai aşezat în baie pe coapsele mele,
ai rămas în trăsăturile copilei ca moarta
cea blândă din las *bodas de sangr*e ce nu
îl mai cheamă pe cel ce-a plecat, şi uneori
sunt chiar eu cel ce bate la ușa somnului tău
ermetic... Vom rămâne şi vom merge muți în
acest sens purtându-ne inima ca pe o rană
până la moarte, acesta e veritabilul exil
al celui ce-a sărit de pe lespedea Podului
Mirabeau, eliberându-se de toate plăgile,
de tumultuosul tumul de cuvinte pe care le
amesteci în țuguiata pălărie a lui Merlin:
cele trei stele de la Centura lui Orion -
toiag încununat cu trestii al Luceafărului,

tu, apari din nou pe harta cerului aprinsă
pentru Medeea, sosită tocmai din Colchida.

Ce-ar fi dacă într-o dimineață

celebrul gândac s-ar trezi
întrupat în Gregor Samsa,
gol pușcă într-un pat de metal
pe salteaua dintr-o încăpere
cu ferestre acoperite de
scânduri bătute în cuie...

va trebui să învețe pas cu pas
viața de biped, să mănânce,
să se îmbrace măcar cu un halat...
zis și făcut... dar atunci când sună
cineva la ușă și deschide,
viața lui devine cu adevărat umană
căci Epifania, fata cocoșată intră
chitită să repare o broască la una
din numeroasele uși ale așezământului...

Gregor o asistă cum stă ea aplecată
și descoperă cel mai puternic imbold
al condiției umane: dorința...

Dând să plece, frumoasa cocoșată
vede o umflătură prin halatul lui Gregor,
își dă seama că e dorită și dă curs idilei,
chiar dacă militari străini
descinși în Odesa, arestează
bărbații pe străzii, violează femei...

Epicentru

Revine nălucirea ce taie-n fiecare
dimineață epicentrul seismului,
fără a se face simțit în blândețea nopții
de iarnă când își dau sufletul boschetarii
prefăcânduse-n penumbra stafiei ce va
bântui, a cuvintelor la care brodezi precum
chirurgul coronare și carotide-obturate...
In zbuciumul solitudinii parc-auzi și parc
-aștepți îmbrățișarea riguroasă-a morții
cu tunelul ei de lumini, fugi, rondouri...

Vrăji

Poezia nu este doar un loc
auster al melancoliei, ci și un joc
serios al cuvântului, al formei
simbolice: poetul se substituie
visătorului cu ochii deschiși
și se bucură fără rușine de
închipuirile sale angelice sau
demonice, de vrăjile magiei
albe sau negre, dar și de iluminarea
extazului inspirat de fantasmă,
întrupând asemenea alchimistului
incorporalul, posedat de
obiectul și vehicolul îndrăgostirii,
de semnul liliacului ce sprijină cartușul
sub deviza tristeții de moarte.

Cu femeia aceea începe

şi Iiada, ziceam, deci femeia
aceea privea cerul printre
pinii ce plângeau cu lacrimi
de răşină parfumată, a venit
spre tine te-a mângâiat
pe obraz, ca într-o scenă de
balet, ai fi urmat-o şi-n iad
dus şi-ntors, era prima oară
când simţeai că te vede
cineva, că te văd nişte ochi
verzi gălbui, guave necoapte,
îţi văd şi inima, ţi-a spus,
arterele, arteriolele, totul.

nu era nevoie să ţi se infiltreze
lichid de contrast, vedeam
oricum, pentru tine nu se mai
poate face nimic decât un miracol...

Chiar pentru asta am venit să-ţi spun...

Terține cu clisurile Evei

Tristețea neliniștitoare, deznădăjduită,
este opusă bucuriei spiritului,
este retragerea înfricoșată – *recessus*

a bono divino –, cum spunea Toma
din Aquino, din fața îndatoririi omului
de a sta dinaintea lui Dumnezeu...

Melancolia este o boală de moarte,
este disperarea conștientă de a fi,
de a avea un sine în care se află ceva

veșnic, melancolicului îi e greață chiar
de Dumnezeu – *Deum igitur ipsum fontem*
omnis suavitatem – izvor al tuturor dulceților...

Melancolicul este năucit de poftele cărnii,
nu găsește alinare în lucrările spiritului,
și nici nu se bucură de dorința sufletului său,

de ajutorul ce-l poate da semenilor, iar mintea
lui leneșă rătăcește pretutindeni, dornică
de a explora clisurile și dedesubturile Evei.

Fiicele depresiei pandemice

Malitia – amalgam îndoielnic și nestăvilit
de iubire și ură față de binele dovedit...

Rancor – răzvrătirea conștiinței încărcate
pizma în contra celor care ne vor binele...

Pusillanimitas - teama ce se dă înapoi din
fața greutăților și îndatoririlor vieții spirituale...

Desperatio - convingerea ascunsă și fudulă
de a fi damnat de dinainte și prăbușirea
de bunăvoie în propria ruină, ca și cum nimic,
nici harul cristic, nu te-ar mai putea mântui...

Torpor – uluiala obtuză și somnolentă
ce încremenește orice-ncercare de lecuire..

Evagatio mentis – fuga sufletului din fața sa,
rătăcirea și trecerea din închipuire-nchipuire,
care de care mai întristată, tulbure și coruptă...

Moartea sufletului

De-a lungul Evului mediu din aceşti ani
ai pandemiei, un flagel mai pernicios
decât ciuma bântuie palatele puterii
din oraşele lumii - moartea sufletului-;

Părinţii Bisericii l-au numit *acedia,*
tristitia, taedium vitae, cel mai nimicitor
dintre păcate: îmbuibarea, fornicaţia,
sodomia, mânia, trufia, zgârcenia, invidia...

Grigore cel Mare a distins cele şase fiice
ale morţii sufletului; *malitia, rancor,*
pusillanimitas, desperatio, torpor et
evagatio mentis – şi rătăcirea minţii.

Sub lucoarea lunii

Ema a venit la tine, albă,
din cap până-n picioare,
precum prostituata sacră...

Cu brațele pline de răni
ai alergat spre ea,
ți-ai înfășurat mâna în
jurul pântecului ei sub
lucoarea lunii, i-ai simțit
sexul dospind ca pâinea
solidificându-se ca mierea...

Dimineața luna era încă plină
deasupra cearșafului roșu
al mării muribunde...

Coloana

Pe coloana vertebrelor
tale senescente
urcă volbura
îndrăgostită cu florile sale
alb-morbide,
cu buzele sale
catifelat-morbide
precum şarpele
primordial
damnat de Tatăl
să fie-nghiţit de ţărână
-nghiţind-o!!!

Pacientul autist

auzi cum răcnește toată
ziua și toată noaptea
pacientul autist în salonul
de pe etajul de reanimare...
de durere, de dor, abandon,
e singur pe lume oriunde
și totuși de unde o fi având
atâta forță – are ceva
cu capul spun asistentele –
și nimeni nu vorbește
cu el, nimeni nu-i ia
seama la răcnetele lui
ce epuizează tot alfabetul –

îl aud și-acum chemându-mă
așa cum vântul spulberă frunzele
ieșite din minți, însuflețindu-mi
cochilia vidă în care se aud
doar personajele lui Murakami
și saxofonul lui John Coltrane...

Tânărul numit Corbul

El urca zi de zi scările spre
camera doamnei de la etaj
ce nu avea decât o jumătate
de umbră... îi ducea întotdeauna
ceașca de cafea... ea scria nu
se știe ce cu un stilou Mont Blanc...
numele lui era Kafka, în cehă
înseamnă corb, avea 15
ani și fugise de-acasă, de
fapt el era Oedip...
vizitat noapte de noapte
de aceeași doamnă mai în vârstă...

fără să aprindă lumina
se vâra sub futonul lui marca
ikea împlinind astfel blestemul
tatălui ce supraviețuise odinioară
fulgerului... doamna nu-și mai
amintea numele Samsa...
scrisese în tinerețe o carte de
interviuri cu cei cruțați de trăsnet...
ce nu se vânduse, subiectul nu
interesase aproape pe nimeni.

Eminescu și Leopardi, exilul în imaginar

Eminescu și Leopardi au murit în aceeași zi,
14 iunie, la aceeași vârstă, 39 de ani; unul mai
cultivat decât celălalt, au crezut cu disperare
numai și numai în imaginar și iluzoriu...

Chiar dacă nu s-au cunoscut personal, amândoi
au scris cu laser cânturi funebre în formă de idile,
ce altceva nu erau decât acte cognitive la persoana
întâi; prin edict luciferian le era negată fericirea
și până și ale lor vise-amintiri au fost devastate
de Răul universal, ce altceva nu era decât dor
de viață și dezamăgire, sentiment călcat pe gât
de rațiune, de necruțătoarea realitate...

Eminescu și Leopardi au fost de fapt doi existențialiști
ce se confruntau cu durerea universală,
cu răul de a exista, cu asfințitul zeilor, iată de ce
amândoi au fost exploratori ai abisului,
orgi senzitive ale sfințeniei, ale frumuseții sacre...

Eminescu și Leopardi au fost protagoniști
planetari, hiperionici ai propriei lumi impersonale...

poezia mileniului

Poezia mileniului

Ei nu mai au un cer comun,
ci o monedă unică, conștiința
lor este de Sms, ceea ce contează
este refugiul cu orice preț în
cotidianul lesne digerabil și neapărat
rentabil, detaliul șocant, epidermic,
faimosul *basic instinc*t, la unii copii
pe actul de naștere nu mai scrie
Tatăl și Mama, ci Părintele 1 și
Părintele 2, ruguri în California
și ninsori în Manhattan
trei mirese au ars de vii în restaurant,
pentru cei cu ochii în transă
pe Smartphone mai ales când
circulă în orașe pline de mașini
se vor face piste speciale, roșii...

II

Poeții au încetat să-și încânte
popoarele, mulțumindu-se să se
încânte-ntre ei, poezia în care
adie miresme ontologice și aure
metafizice a devenit o pioasă
piesă de muzeu, oferta totalitară
a mall-urilor și îndoctrinarea
corporatistă, abia dacă mai lasă

loc liber tragicului pur, adularea
nimicului e materia de bază în școli
entropia verbului – acest sinonim
al trecerii de la ființă la neant,
al pulverizării, al atomizării realului.

Omul păianjen, orfan...

Zombie este și numele unui drog,
știut de poetul ce scria cândva
"părea un mort cu ochii vii ce
scânteie-n-afară", a fost încercat
la Brăila de adolescenți supărați că
Spiderman a rămas orfan, părintele lui,
Stan Lee murise, triplu asasinat la
Călărași, minorul ce fusese crescut
din pruncie de octogenari voia bani
s-o facă lată pe bază de droguri
împreună cu prietenii, refuzați fiind...
au ucis, timp în care un poet a stat
două nopți în capela rece a bisericii
din Galați, în costumul și cravata
de fier forjat și pantofi de plută,
învelit în flori, cărți și icoane, privindu-l
de dincolo de viață pe un ecran
de ceară neagră pe junele japonez
Shoma Uno depășind pe gheață
condiția umană... abia luni a avut parte
de voluptatea căldurii din pântecul
matern de pământ al gropii.

Vivo per lei

Incendiile asediază Malibu, Hawaii
și "stilul lor de viață", evacuate vilele
vip-urilor de la porțile orașului îngerilor
zis și L.A., vegetația, fermele ard precum
Sodoma, cele două fiice au fost concepute
in vitro, recunoaște Michelle Obama,
ploile biciuie Liguria și Portofino, Andrea...
Bocelli cântă împreună cu o genială
negresă Heather Headley "Vivo per lei",
încă o escortă, firește vedetă, oare de ce
se numesc escorte? cere despăgubiri,
cui altuia decât Președintelui, anhidrida
carbonică își face de cap, soarele
a generat monoteismul și strugurii dulci
din vârful sânilor iubitelor noastre iluzii...

Fenomene extreme

Fenomene extreme în natură
au martirizat Italia de la nord la sud,
trentino alto adige, asiago, belluno,
friuli, palermo, calabria, agrigento
vânt ce și-a ieșit din țâțâni, râuri
ce și-au ieșit din matcă, au culcat
la pământ păduri de confiere,
au înecat copii și adulți, cimitire...
fenomene extreme și în natura umană,
tânăr polițist de la crimă organizată,
își împușcă copilul de trei ani,
apoi se sinucide, mama copilului,
tot polițistă, se despărțise de soț,

tocmai câștigase divorțul..

Academia Tăcerii

Vorbind, adică tăcând ca atunci
când peste ani ai concurat la
Academia Tăcerii... când să intri,
un anunţ cu litere de-o şchioapă:
toate locurile au fost ocupate...
fie ce-o fi, ţi-ai zis, te-ai strecurat
pe uşă ca o ...umbră şi te-ai înfăţişat
în faţa juriului: unul din membri,
fără să scoată o vorbă, fireşte,
ţi-a arătat un pahar plin ochi cu apă,
sugerându-ţi că nu mai sunt locuri.
La rându-ţi, în replică, ţi-ai rotit ochii
prin cameră şi văzând o vază plină
de trandafiri, ai desprins o singură petală:
apropiindu-te de masa juraţilor,
ai potrivit-o pe suprafaţa lichidă,
nicio picătură de apă nu s-a prelins,
paharul a rămas precum fusese umplut...
Juraţii n-au mai avut argumente
împotriva admiterii tale în Academia Tăcerii,
demonstraseşi tăcând că tot ar mai fi
un loc, drept care de-atunci tot vorbeşti,
fără să fi auzit...

Poezia inutilă

Poezia inutilă trăia cândva
de n-o fi murit, între abis și
nefericire, pe când imboldul ei
era curajul, un curaj straniu,
o fântână de piatră în plin
peisaj lacustru, vâltoare și
totodată-oglindă, pe când a citi
nu era mai ușor decât a scrie,
pe când tot citind învățai să
te-ndoiești în primul rând de
tine și de propriul scris asemeni
celebrei Sylvia Plath ce n-a
pregetat să refuze colaborarea
cu lumea folosindu-și mașina
de gătit cu gaze, asfixiindu-se...

Alcovuri de inox

Vi s-a arătat vreodată diavolul?
sigur, nu e cuviincios să ți să
pună o astfel de întrebare, dar
în ingenuitatea ta, treci peste...
l-ai văzut de mai multe ori sub
chipul celor mai seducătoare
femei de pe strada Seducției,
machiate, pare-se de Fra Angelico,
dar și de alchimiști, electricieni,
chirurgi dintr-o uzină horror, sf.,
infernală, cu alcovuri de metal...

L-ai văzut însă și sub propriul tău
chip în nopțile când nu te ia somnul,
fiindcă nu mai știi să deosebești
diavolul de tine, din *qui pro quo*-urile
lui Molière, Goldoni, ultima oară
l-ai văzut întrupat în ucigașa
de la metrou, numită Magdalena...

Începutul sfârşitului

Nu te mai miră nimic, ţi-a reproşat Ema,
e începutul sfârşitului, zilele astea
de foc şi cenuşă, ai aderat la grupul
groparilor de pe fb, administrat de un
tip descins din coşmarul cu sex, arcane
şi asasinate, filmul acela... Twin Peaks...
Eşti admis în urma unui interviu:
câte milioane de hematii ai
vărsat ultima oară la Banco-rex-ul
Religiilor, dacă urmezi zilnic un
program de terfelire prin delir provocat,
de ce şi-a pierdut vocea Bono,
în plin spectacol, pe scenă,
ce înseamnă INRI, ce vehicol
preferi spre-a fi dus la bordelul
morţilor vii, de ce Aretha Franklin,
the queen of soul, a fost îngropată,
în petale de trandafir picior peste picior,
de ce femeilor le plac bărbaţii trişti,
vânători de samuri în taiga???

Ca și cum

Capetele noastre pe pernă,
aș vrea să-i vorbesc Innei
din viitor, ca și cum amândoi
am fi morți, să-i spun că avea
buzele lui Marilyn Monroe și
ochii incestuosului Caligula,
dar ea îmi pune aceeași placă
– *Pleased to meet you*...
Atunci eu îl pun pe Boy George
No Clause 28...

O să avem vreodată dreptul
să fim noi înșine, nimic altceva
decât noi înșine...???

Perna de aer

In blocul nostru parc-au murit toţi
octogenarii, septuagenarii și
genarii și chiar fata Genarului,
nu se mai aud de mult uşile liftului,
şi nici liftul, se odihnesc înainte de-a
fi coborâţi cu sforile în groapa
de mult arvunită, de curând văruită,
plutesc pe perna de aer a
singurătăţii, se odihnesc agonizând,
osemintele le ies prin piele,
se odihnesc în această pace
vicleană a luminii oxidrice de august
ce descompune materia, ca în
Bacovia, ca într-un tablou pointilist...

Internat

Ema ţi-a vorbi într-o noapte
despre viaţa ei la internatul
mânăstirii, despre furturile
nocturne de cubuleţe de zahăr
şi alcool, acolo fumase primele
ţigări şi auzise vorbindu-se
despre masturbare, lumânările
treceau noaptea dintr-un pat
într-altul, pe-atunci încă nu
existau jucăriile astea de azi
pentru domnişoare şi doamne...

Materia ce râde

Tot mai copil pe zi ce trece, îți spuse
Ema, nu simți cum acidul clorhidric
cel frumos curgător din constelația
Gemenilor atacă materia ce râde
de spiritul tău, ce-i drept, încă neliniștit...

Te apropii de cel care-ai fost din totdeauna,
de umbra aceea capricioasă... te aștepta
de mult timp tolănită ca o Sibillă pe
canapea să-și numere ultimele economii,
cât de înșelătoare îți este firea, gata
să sari în aer ca o ieruncă găunoasă-atinsă
de glonțul tras din carabină vânătorului
plecat pe snowmobile după samuri și reni...

Generator de curent

Orice viață are calea ei, își
începu Ema monologul nocturn,
cale pe care apun becurile, tu
o porniseși pe ea, în spatele
tău un paracliser secera
lumânări, ai fi vrut să-ți aduci
aminte ziua sărbătorii când
toate luminile s-au aprins
pentru tine să-ți îngăduie
să reciți "Nu credeam să-nvăț
a muri vreodată, pururi tânăr...!

Dar n-a fost să fie o asemenea
zi, doar fulgere albastre, fragile
descărcări electromagnetice
în vechea și plictisitoarea
furtună, viața e exact așa, căscă
Ema, un bec murdar atârnat de o
funie electrică, unicul ei generator
de curent fiind, vai, iubirea!!

Alean fără aripi

Ema este eminesciana Veneră,
iar tu un bărbat ce și-a pierdut
farmecul, dacă l-ai avut vreodată...
Flori de mărgăritar și iasomie răsar
spontan din calda ei marmură,
are vârsta la care trupul se cațără
ca un ciorchine viguros pe vița de vie
plăpândă, iar tu ești un buchet
de pasiuni veștejite, alean fără
aripi, dar te afli acolo să-i spui că
poți fi încă totul pentru ea, gata
să smulgi spada Excalibur din
stâncă precum Arthur, ca s-o aperi...

Vitrina

Puteai să te ridici și să privești,
să auzi suferințele inimii și aerul
condensându-se în jur, jos, sus,
și lupta din mocirla aia, în timp ce
în fine, cerul te îndemna să ai curaj,
să părăsești flascul linţoliu, să cânţi
la flautul dulce marşul nupțial:
re sol la re la si si si do sol si la sol,
toată durerea lumii era acolo,
un mesteacăn tăiat cu drujba, un
câine torturat cu sârmă ghimpată,
violența morbidă a relației tale
cu himerele glubulare, nictofobia...
Aveai nevoie de o-mbrățișare:
un mare val se ridică din mocheta
jilavă și sparse vitrina, te nășteai...

Covor zburător

singurul în care nu mai vrei să ai
încredere ești tu însuți, lumina
începuse să curgă, culorile ieșiseră
din scenă, pereții se mișcau din loc,
apoi lucrurile au alunecat în capătul
încăperii, capul închis în sicriul gurii,
te-ai trezit în echilibru pe o placă
de surfing, neant de valuri într-o
parte, neant în cealaltă, covor
zburător de velur glacial, sângele
alerga în fără de sfârșitul arterelor
luminoase dintr-un oraș scufundat...

Pielea, o peliculă impalpabilă,
trupul nu-ți era mai greu
decât sufletul, emoțiile îți zăceau
pe un tărâm virgin vegheat de voința
ascunsă a unui anestezist expert
în a face din pacient nenumărați fluturi:
din corpul fiecăruia ieșea următorul,
membrane pe care le desfăceai și
le uscai în boarea caldă a unei veri
copleșitoare, singurul în care nu mai
vrei să ai încredere ești tu însuți...

Gemeni

După moartea lui Castor muritorul,
Polux l-a implorat pe Zeus să-l facă
să moară odată cu fratele lui geamăn,
să-l scutească de veşnicie... Te uiţi
în calendar, ce zi e, data şi momentul
ca să baţi cuiul să-ţi agăţi de el fantoma.

Bine-ai venit nimicule cu ochi albaştri!
Povesteşte dacă va fi o altă măsură
temporală şi un alt spaţiu ferm, înafara
acestei orbite unde se va putea retrăi
fiecare clipă fără greşeli sau pierderi...

Dormi printre sticle aşezate într-o
metonimie implorantă, un sonet de Ahoe...

Patologie estetică

Mă opresc în fața tinerilor frumoși și
liberi, spălați pe dinți, rucsac pe spate,
copil prins la piept ca o armă, cu răngi
învelite în drapelurile României
și Uniunii Europene, caut din ochi un vas
de flori, mă urc pe el, încep să le zic
ceva despre Francis Bacon și patologia
estetică, despre chipuri deformate
cu călușul în gură, despre trupuri mutilate,

Acasă beau cum n-am băut niciodată,
noaptea simt aburii alcoolului
ieșindu-mi prin porii pielii, fumez în pat
citind în limba LGBT, sperând într-un
incendiu izbăvitor sodomogomorric...

Haita de lupi

Într-una din nopțile de iarnă, Inna ți-a spus
o poveste, a vieții tale, poate, a vieții ei...
povestea unui sat de morți unde ultima
bătrânică moare și se oprește și clopotul,
nu mai rămâne viu decât un câine speriat,
flămând, un câine alb, între timp lupii
se apropie, bietul câine se tăvălește
prin glod, își înnegrește blana, și-ncepe
să urle răgușit, lupii îl iau cu ei în haită...
La un moment dat se apropie de o turmă,
câinele vede un mielușel, se preface că-l
mârâie, dar de fapt îi șoptește:
fugi cât mai poți!!!... e un câine de turmă,
asta știe să facă, lupii își dau seama,
trec dinadins printr-o apă, blana câinelui
devine albă cum a fost, haita sare pe el
și-l sfâșie... atunci ți-ai amintit de vânătorul
Acteon, pedepsit de Artemis, o surprinsese
în timp ce se-mbăia... a făcut din el un cerb,
a asmuțit câinii de vânătoare să-l sfâșie...

dor, de la dolor, doloris

dor, de la dolor, doloris

terifiantul nostru dor de iubire,
terifiantul dor de noi înşine,
de sufletul nostru răstignit,
tu eşti virgina gravidă, pieptul tău
este pur şi simplu locul cel mai sigur
pe lume, pe masa asta de zinc
şi marmură neagră ne vom iubi,
pe marea asta jefuită ca noi ne vom
depune splendoarea, tu n-ai ştiut dacă
mureai sau încercai din răsputeri
să te naşti, asediat de durerea arşiţei,
a oaselor violate, vedeai cum îţi arde
pe rug pudoarea vieţii dezvelite,
viaţa ta, un infinit faliment expus acum
în vitrina din Curtea Miracolelor...

Îmbătrâniseşi cu o sută de ani...

Învins

preferi să rămâi exact așa cum ești,
putred, catatonic, furios, bun actor...
neclintit, un om fără însușiri, un
supraviețuitor, locuit de o lume de-apoi,
zilnic niciodată precum cel de dinainte,
îngândurat, învins, definit ecografic
de boală, doar ea arată golul
și plinul, doar renunțând reușești
s-ajungi la grădina cireșilor în floare,
unde totul e intact, cum se-ntâmplă
în anume-anotimpuri spre sfârșitul vieții,
când bucuria și durerea, elanul
și dezgustul, fiecare jumătate
a noastră pare într-un perfect echilibru
pe firul primitiv sângeriu al asfințitului.

Ultima clipă

Actorul River Phoenix, își aminti
Ema cu voce tare, a crezut până-n
ultima clipă când și-a injectat în venă
acel *speedball* fatal, că e iubit
de zei, că e sortit să-nvingă
ca în filmul *My Own Private Idaho*,
unde cei doi tineri actori merg spre
marea iluzie, călare pe motocicletă...

Tu trăiești cu iluzia
că te afli pe drumul spre
propriul Idaho... până-n ultima clipă...

Numai noi doi

Există un timp al speranţelor
şi altul al semafoarelor în ploaie,
Ema făcea praf totul ca într-un
Film de acţiune: speranţele
semafoarele, lumea,
cu intenţia de a le reînvia...

Într-o zi a dat foc casei, arsese
acoperişul... vino, îmi spuse, acum
putem vedea luna numai noi doi...

Vulcan stins

Când ai cunoscut-o pe Ema
erai doar călugărul unui templu
rămas fără credincioși, continuai
să pui flori proaspete în fiecare
dimineață, fără niciun țel, în
așteptarea vizitatorului,
nu altcineva decât subsemnatul,
ai început să-ți imaginezi că
ai pe cineva alături, un ochi ascuns
în fața căruia trebuia să fi impecabil:
în fiecare seară puneai masa
pentru acel musafir imaginar,
mâncai cu gura închisă, nu
plescăiai, nu râgâiai, nu plângeai,
un toast solitar în cinstea vocii
sinucigașe a lui Johnny Cash
you are someone else, I am still right
here... Vulcanul se stinsese, pășeai
îngândurat deasupra necropolei sale...

Locul virusului

Opere de artă, portrete – culori
și deșeuri precum pliculețe de
ceai, dopuri de sticlă, scobitori,
accidente de mașină cu morți
și răniți, tsunami în Indonezia,
valuri uriașe, cutremure, bărbat
găsit în Crișul Repede, putrezit,
fusese bătut, legat și aruncat
să se-nece, ești contemporan
cu generația fit analfabeți funcționali
gata să jefuiască bănci, dispar
adolescente-n adidași, cablate,
cu rucsacul de rigoare pe spate,
taifun în sudul Japoniei, crește
spread-ul, bursele cad pe spate,
antibiotice injectabile ucid pacienta,
Bruxelles proteste violente reprimate
cu aceeași monedă de *gens d'armes*,
locul virusului Inferno, viziunea dantescă
sau visul
de schimbare a genomului uman,
se află în cântul XXV din Paradisul...

30 de arginți

Numai acest imbold neîmblânzit
 îți biciuiește sângele-n
artere și te-alipește la al ei nexus,
plexus, sexus, ca-n-tr-o cardiounitate
a României, abia atunci îi vezi pe toți:

trepăduși, consilieri, cerșetori fictivi,
falși invalizi, maseuze, îmbogățiți
de război, regizori de revoluții, generali,
procurori corupți, ex-bolșevici, lingăi
proxeneți, smintiți de putere și comisioane
de milioane de euro, curve cu expertiză
orală, politicieni fugari, jurnaliștii vânduți,
avocați cu mintea slinoasă, moderatoare
tv viermănoase apărute din te miri
ce măhălăli, traseiști cu patria-n dinți
umplând noile închisori ce vor s-apară
din fonduri europene, echivalentul peste
veacuri al celor 30 de arginți.

Campanie electorală

La umbra fetelor în floare, de-a lungul
falezei din Balbec sub același imbold
irepresibil ce-l juca pe degete pe celebrul
baron de Charlus te alipește la al lor
nexus, plexus, sexus, ca-n-tr-o cardiounitate
a României, abia atunci îi vezi pe toți:
trepăduși, consilieri, cerșetori fictivi,
falși invalizi, maseuze, îmbogățiți
de război, regizori de revoluții, generali
plagiatori ai interesului național.
procurori corupți, ex-bolșevici, neomarxiști,
proxeneți, smintiți de putere și comisioane
de milioane de euro, curve cu expertiză
orală, politicieni fugari, jurnaliștii vânduți,
avocați cu mintea slinoasă, moderatoare
tv viermănoase apărute din te miri
ce măhălăli, traseiști cu patria-n dinți
umplând noile închisori ce vor s-apară
din fonduri europene
– echivalentul celor 30 de arginți.

Ema, mereu în floare

Femeia coaptă nu stăpânește, ea atinge
Ea nu provoacă, este provocatoare
Nu este inteligentă, este înțeleaptă
Ea nu insinuează, arată în chip subtil drumul
Ea nu se grăbește, așteaptă momentul cuvenit
Nu este îngrijorată de cantitate,
ea preferă calitatea
Ea nu vede, observă
Ea nu merge, ea se plimbă
Nu e pretențioasă, îi place doar să guste
Ea nu judecă, chibzuiește
Ea nu alină dureri, înflăcărează inimi
Ea nu caută, ea trezește simțurile
Ea nu înlănțuie, eliberează
Ea nu face vrăji, ea încântă
Nu strălucește, este iluminată
Nu-i place să fie privită,
Preferă să fie împlinită
Ea nu ghicește, ea merge la sigur
Este artistă a iubirii,
Nu este ușuratică, ea este ademenitoare
Ea nu renaște, este mereu în floare.

Orhidee

Strugurii ce nu vor seca,
vor fi dulci și vinul tare
ca moartea și iubirea, laolaltă...
Luciferiană capcană-ntinsă
de femeie bărbatului ce nu poate
scăpa și nici fugi de ea...
Așa e scris în evanghelii:
să-l bântuie în chip de orhidee,
înrourată carne a închipuirii...
Eli, eli, lama sabactani!!!

Puls

Vocile de nisip și pauzele vin prin
lagună călare, au pulsul cristalizat
și cerul gurii străpuns de găuri negre,
tu iei forma unei sticle acute în pubisul
infernal din cuptorul meșterului
de la Murano, doar el știe străvechea
rețetă a deflorării: mireasma, zbuciumul,
notele, suflul, ultrasunetele flautului...

Cobai

După ce vei smulge chiuveta
și vei sparge geamurile, o vei
sodomiza pe asistenta cea rea
din *Zbor deasupra unui cuib de cuci*,
o vei elibera pe Ema cea luminoasă,
umană, eternă, întreită, de trei ori
renegată de cântecul cocoșului
în zori, vei fi cobaiul splendorii ei...
Va să răsară luna, un pandantiv
la gâtul cerului, furtuni veni-vor și
ape, atât de nemișcate, încât vor
părea moarte, în timp ce noi
vom trăi, pur și simplu... *miserere*...

Întristare tropicală

Nici nu mai dormi
de-atâta întristare tropicală,
îndoieşti acele de seringă
ca pe nişte vergi de oţel
şi se destind înapoi
flagelându-te până la sânge...
vorbeşti când şi când
unor stamine închise şi
nopţii cuvintelor tale,
fitilul trebuie-nodat între noi,
altfel artera rămâne deschisă,
cuvintele tale-asfinţesc...

Despre ardoare

Ardoarea ta este cea
a comorilor îngropate,
păzite de morţi sau nenăscuţi,
Siluete topite în tapiserie,
serverul din capul Meduzei,
făptură dincolo de omenesc...

Versuri inegale

Astfel, în perindarea zilelor-nopţilor
laşi să irumpă surprinderea că
îngerul lui Dumnezeu ţi-a fost alături
cu chipul însorit de surâsul
tuturor anotimpurilor, morţilor...

Fiecare text e un perete de sticlă
între fericirea sângerie de sticlă
și nefericirea albă de grilă...

Şi cât de dificile sunt internările-n sfârşitul
toamnei, cu versuri fără soţ şi rumori de perete,
se-absorb cuvinte vlăguite de călătorie,
şi noi ca ele, ne-dăpostim printre degete.

Pictura interioară

Pictura interioară,
mnemonica pecete,
fantasma ce te-animă,
al ei ostatec chinuit
de sete
din miez de noapte
până-n zori,
hrănit cu fantezii
întinătoare
erezii...

să fie dor de moarte
a sufletului gânditor:
senzaţie, limbaj numinos
vis, profeţie, limita
orbitoare-a abisului
vertiginos.

peisaj cu imortele moarte

Peisaj cu imortele moarte

în contrapunct cu monologul
gurilor de canal, cu faunii,
câinele a dezgropat
ciuperca nebunilor, o fiolă de
poezie ne-nhumată se scurse
pe buze și pe limba ce vor linșa
nimfa, o lacrimă curse înapoi
în ochi, rondoul smalțurilor
în contra armelor de asalt e în toi...

Salt

Dacă măcar una din formele tale
pietroase ar fi îngăduit să arate
ceea ce ascunde,
te-ai fi deschis precum corimbul
sau o rană saturată de-așteptare
în care s-ar fi cuvenit să fac
saltul trapezistului sinucigaș.

Să mă iau în brațe

Până și trupul are un termen de
valabilitate, spuse ea, coapsele
mele, odinioară suple, strălucitoare,
se ofilesc, granule neuniforme
de grăsime le invadează, burta iese
înainte, rotunjindu-se ca o chiflă
poroasă, sânii se veștejesc și ei,
petale cărnoase de plantă acvatică...
îmi vine să mă iau în brațe, și să mă
strâng la piept, să mă legăn și
să plâng: „nu e păcat ca să se lepede,
clipa cea repede, ce ni s-a dat".

Dialog pe moarte și pe viață

Ești gata să mă iubești
cu riscul pierderii vieții veșnice,
întrebă el, da, spuse ea,
căci iubirea lui Dumnezeu
e atât de mare încât poate ierta
chiar și neputința noastră
de a rezista ispitei...
Ei bine, atunci voi intra
cu această torță aprinsă
în pulberăria ta pubiană...

Întunericul pe care-l inspiră

oamenilor textele unei cărți
te fascinează precum moartea
mort de tristețe, ca și cum ai
fi murit de tristețe, ce uimitoare
e viața, buzele ți se lipesc de
scobitura aproape străvezie dintre
urechea și părul ei adiind a
vetiver, păsări speriate de
străfulgerarea argintului viu
al lunii, decolează, estimp
i se-ntărește sânul drept în căușul
palmei tale, simțeai zvâcnetul
aripei crescându-i pe dinlăuntru...

Soare african

valul era tumultuos
viu, unduitor, bântuit
de răsfrângeri verzi,
azurii, marea albastră
marea indigo, marea
neagră, marea de grafit...
iar când soarele african
i-a atins surescitat pielea
lichidă, pe oglinda ei
au țâșnit pete purpurii,
violete... noaptea care
tocmai cădea izbăvitoare
turna în apă tone de cerneală.

Dacă privești țintă suprafața

veșmântului roșu-arzător, carmin,
al tinerei nimfe, acea culoare
îți sfredelește ochii, întunecându-ți
mintea cu vălul de aur topit
al tuturor asfințiturilor în care
veșmântul dispare...
Culoarea roșu-arzător transpare-n
biblice forme, pictate chiar de îngerii lui
Dumnezeu, calfele lui Fra' Angelico...
Roșul cu totul pur, acel carmin
absolut, departe de a bate-n auriu
sau albastru, mulat pe-o amforă
de porțelan alburiu...

Președintele face băi de mulțime...

ca în Toamna Patriarhului...
sâmbătă 1 decembrie – un ger năprasnic...
roi seismic în jurul vulcanului Vezuviu...
bătrânii nu dorm niciodată, ei cel mult mor,
ca de pildă Seniorul texan,
președintele care a schimbat fața lumii
printr-o fină operație estetică paliativă,
placebo, euthanasie, George Bush,
94 de ani, funeralii de stat,
timp în care Parisul arde-n flăcări,
inclusiv sâmbătă 8 decembrie,
extremismul acestor veste geci galbene
au vandalizat până și Arcul de triumf.
muzeele celebre au închis,
inclusiv Luvrul, Turnul Eiffel a închis...
ca să nu mai vorbim de cafenele,
terase, magazine care au tras obloanele...
vor să ia cu asalt palatul Elysée,
Macron dèmission
odată cu renunțarea lui Merkel
la conducerea Partidului Creștin Democrat
se întețesc mișcările de stradă neonaziste...
se stârnesc din senin tornade în Illinois
căci este Ziua Mondială a luptei *against HIV*
în acordurile melodiei *I Have Nothing*,
un succes nesperat la Bruxelles

al guvernului Dăncilă la ceremonia
preluării de la 1 ianuarie
a Preşedinţiei Uniunii Europene,
Tudorel Toader devenind automat
preşedintele JAI Justiţie şi Afaceri Interne...
ceea ce l-a încrâncenat extrem pe KWJ,
astfel că războiul între Palate
a atins culmi nebănuite... în rest incendii
şi iar incendii de case pe fondul unui incest:
român din Spania, tatăl cum ar veni,
şi-a sedus fiicele adolescente sub ameninţarea
bătăii, a fost condamnat la peste 100 de ani
puşcărie, în ţară ar scăpa cu vreo 25.

Stacojiu – culoarea nebuniei

ce-ți întunecă în întregime
cercul luminos al firii, albastru
ca două râuri ce izvorăsc
dintr-un singur munte dar sapă
vaduri diferite, spre două tărâmuri
complet opuse, galbenul
provoacă albastrul roșiatic
al sângelui tău princiar,
albastrul provoacă galbenul
roșiatic al panicii nocturne,
purpuriul provoacă verdele
și invers, rândurile tale asemeni
polenului zămislit de culorile
florei, în cer, pe ape, pe pământ,
spulberat de-ntunecatul Vrăjmaș,
în cele patru vânturi!!!

Orașul asediat

E foarte aproape acel ținut
ce nu aparține nimănui,
aici ramurile iau foc de
îndată ce înfloresc, tu îl
numești viață, străbați de
unul singur acele pământuri,
acele drumuri și pagini mute,
ele sunt soarta noastră,
unele cuvinte fără să se mai
ridice de jos, lovite, cad
unul câte unul pe culoarul
orașului asediat, tu ești
foarte aproape, cu brațele
încărcate de urne funerare,
foarte aproape de ținutul
pe care îl numești viață...

Scrisul

Ce cuvinte ar putea să fie
fermentul unei lumi noi,
al unei alte lumi unde totul
și-ar regăsi înțelesul primordial
pe cenușa acesteia...

Oricât de departe s-ar putea
aventura în ținutul morților,
scrisul, dacă nu poartă coroana
de spini și pecetea lui Isus,
nu va putea aduce înapoi
de-acolo nici măcar o făptură.

Lumină & beznă

Pe chipul tău se poate
silabisi acea singurătate
îndeobşte numită lume,
o lume goală, plină de sânge,
murdară de păcatele Gheenei
o lume goală, pe jumătate
imaginară, copaci răstigniţi,
drumuri ce se sfârşesc în beznă...
În beznă se aprinde brusc,
în urma rugăciunii, o vale
de lumină, sidefie, ireală,
o fisură albă de culoarea oaselor,
o lumină orbitoare, tristă,
izvorând parcă din pământ,
iar nu din pulberea stelelor...
Lumină tristă a genunilor, din
străfundul bolgiilor numite iad,
Poate e primul licăr al obârşiei
tuturor lucrurilor, străvechi
precum Verbul curgând la infinit,
oglindă în palmele nopţii,
speranţa că morţii şi visele
oglindi-se-vor în ea pentru ultima
oară, îndeobşte numită viitor...

Radioase rubine

monede de sânge zornăitoare
compun buchete de gânduri
un ura să trăiască cenușa
năzuințelor ce acum răsfoiești
partitura Recviemului acelui
preaînalt geniu din Salzburg
dezintegrând radioase rubine
și urne și saci mortuari aliniați

mascații văruiesc groapa comună.

Manifest

Să scrii împotriva morții,
cu moartea, cu limba ei,
cu ezitările ei, cu repetițiile ei,
cu ajutorul cuvintelor ei
indigeste, acide, regurgitate,
pornografice, cu ajutorul
memoriei proprii ascunse în ea
însăși, la flacăra pâlpâitoare
a unei lumânări ce-ți rămâne
aprinsă în inimă, în punctul
de cumpănă, la licărirea unei
stele ce continuă să lumineze,
deși e de mult stinsă, adusă
cu tine de la granița dintre
viață și supraviețuire...

Fantasy

Tăcuta fantasy se dezlipește
din cerul gurii tale și
vântură lumină limbii, lumină,
fâșii de negură, de cuvinte,
rebele, mai roșii decât roșul,
alunecoase gheburi de gheață
dinaintea poporului de foci...
Te străpunge raza forjată
ce scrie mai roșu decât roșul,
aurul, ora, îngropatul iulie...
Septembrie fără de tine.

Marea cruzimii

Dansul a două tăişuri
pe funia de umbră a inimii.
Plasa, dedesubt, ţesută
din extremităţi de gânduri
înfrăţite cu hazardul abolit,
Sclipeşte hărtănitul bănuţ al
eternităţii scuipat în sus
în arteziana arterelor, trei
glasuri de nisip, trei scorpioni,
poporul oaspete-al bărcii
plutind pe marea Cruzimii...

Miezul morții

pe care-l hrănești
cu hemoglobina vieții tale,
va înflori, nestemată de carbon,
în fine în chip de umbră vie...

vei urca mereu pe scara himerică
și te vei aneantiza în ea și luna
așa sfântă și clară va urca...
așa cum e scris în cartea amară...

Suită pentru flaut

flautul sideral de dincolo
de culmile lumii, chiar şi
acolo înotam, despuiaţi,
înotam cu versul abisului
pe frunte, roşu sângeriu,
în timp ce aurul cel frumos
curgător îşi săpa în cea mai
adâncă intimitate căile sale-n
tărie în rând cu albspectralele
litere de cocori scriind
nenumitul pe care se caţără
pentru a face saltul mortal
în miezul siderurgic al Terrei...

Faguri ai gheții

ruinate de vântul solar
al limbajului tău, pestrițele
zvonuri ale trăirilor cvasi
frauduloase, poezia ta,
nul-ezia ta, conturată de
vortexul ce-a troienit
antropomorfa zăpadă,
zăpada pocăiților,
în jurul meselor și-ncăperilor
ospitaliere ale ghețarilor,
faguri ai gheții, crevase ale
timpului, a ta netăgăduită
mărturie vs Santa Klaus.

Doar filamente

Doar filamente arse pe plumburia
pârloagă pustiită de buruieni
Un gând înalt cât crucea de pe
Caraiman captează sunetul luminii:
mai sunt cântece de solfegiat
dincolo de oameni, în fluviile
la nord de viitor, gorgan de
cuvinte vulcanice, izbit necontenit
de mugetul mării neadormite.

Balanță

Ritmul e cel al tâmplelor
surghiunitului, cu tulpini
inspirate din stepa lui Taras,
scrise-n diafragma cesurii orelor,
în regatul, unul dintre cele
mai mari, în marea rimă
interioară, precum inimă,
în carantina popoarelor mute,
balanță a limbajului, cea de pe
Pont Mirabeau, a cuvântului,
a patriei numite exil... nenumit.

Scutul lui David

sunete de clopote luminiscente
tu care ai aprins clipind candelabrul
tenebrelor cerești perforate de
Alpha Centauri, Sirius, Canopus,
Arcturus...
raza lor navighează
între morminte, Ghettou și Eden
constelează viața
celui ce pune preț pe
scutul lui David, învăpăindu-l.

Flux și reflux

Așa cum vorbește ploaia acidă
cu piatra, așa tu din abisul în care
te-ai îngropat, într-o patrie înfrățită
unde până și solul fertil e sfâșiat
de durerea corolelor înflorite,
obraz lângă obraz pe perne de
pulbere, lignificate doruri ale inimii,
rumori de chei ce nu izbutesc să
deschidă arborele vieții, doar o
răsuflare asupră-vă ce-ar putea
să pornească fluxul și refluxul
mării primordiale ce v-a repudiat...

Lumina creată

Lumina ce-o simt cum dulce îmi paşte
ochii când te văd văzându-ne dorul,
nu e cumva o undă din lumina
creată în ziua dintâi de Cel Văzut
Nevăzut din lumina ce voia a se naşte.
Agonizau neantul în chip de vid şi răşină
şi singure pluteau... deci făcu
un semn Nepătrunsul:
„Să fie lumină!“
Un ocean şi-o furtună
ieşită din ţâţâni de lumină
se ivi într-o clipă:
o sete era de păcate, de patimi,
o sete de soare, de-a ispăşi împreună.
Dar unde topitu-s-a orbitoarea,
din primordii, lumină — cine ştie?
Lumina ce-o simt că dulce mă paşte
din altă lume venind, din cea vie,
când te văd şi mă vezi
e poate stropul cel de pe urmă
din lumina zilei dintâi ce se naşte.

Ochiul roşu

ţi-ai lăsat gândurile să se
exfolieze precum pielea
de pe glezne, treptat lumea
din jurul tău se prefăcea,
şi pe cer strălucea a doua
lună, apoi cam la aceeaşi
depărtare l-ai văzut.

Ochiul roşu. Te-ai ridicat iute
în picioare, acum puteai să te
preschimbi în trupurile altor
făpturi şi spirite, acum erai
albastru, numai mâinile îţi
erau de un cafeniu şters.

Ai susţinut sfidător privirea
Ochiului... există oare un fel
mai potrivit de a-i alunga
teama de moarte cuiva care
se teme, decât arătându-i-o???

Balet dizarmonic

s-a răsucit în coborâre, ușor,
aproape-ngândurată, și-a deschis
gura, ah, într-un geamăt mut.
A stat acolo, pe pardoseală,
în afara camerei, pe chipul ei încă
se mai vedea o fâșie decorativă,
în ochi o urmă de speranță într-o
minune, era un chip care aproape
că plutea liber în afara ei, astfel
fu în stare să-și umfle obraji, ca un
copil și să-l sufle ca pe un balon
plin de lumina tulbure a dimineții,
de curgerea timpului care să-i spună
cine este ea cu adevărat...

Apus de mare

aur topit
în asfințit
primordial necuprins...
vălurit,
blând infinit auster
sub astrul vieţii şi morţii
tu și Lycoris
binom efemer
ia-mi inima
și du-o departe,
unde nimeni nu
ne cunoaşte,
unde timpul nu se petrece,
unde ne putem întâlni,
fără a ne mai aminti,
nici trecut nici viitor
ci decât: suntem vii!!!

Jur

Jur pe barba lui Barbă-albastră
că te iubesc și că te voi reinventa
pentru mine așa cum doresc
– comuniunea naturalului cu
supranaturalul- încât
și după moartea mea
iarba să continue
să-ți tapiseze pereții încăperii
în care mă plângi,
așa cum doresc să văd renăscând
perpetuu viața și poezia.
Inima mea este cea care bate-n
abisurile tale inviolabile,
orbitor rosariu al nebuniei
matematice, în care-ți distilezi
puterea magnetică, invincibilă
a sângelui ce-ți curge, negru-n artere.
Toate drumurile desmărginirii,
toate izvoarele, toate razele
aștrilor pleacă din tine, briliant
unic ce tremuri la sânul pietrei
filosofale, elixir al tinereții fără
bătrânețe, focus mental... jur!!!

Regret

Cel mai grav
dintre păcatele
pe care le poate face
un om.
e să nu fie fericit.
Și eu am păcătuit!

Fie ca avalanșele uitării
să te doboare
și să te-ngroape în linţoliul
lor de cristale-orbitoare.

Părinţii te-au sortit pentru
aruncarea de zaruri ce nu va
aboli niciodată hazardul,
egal cu frumusețea vieţii,

I-ai înşelat. N-ai fost fericit.

Împlinită nu le-a fost speranţa
căci tu ți-ai dăruit inima și
gândirea
încăpățânării armonice-a artei,
care ţese palavre
și oleacă... iubirea.

Nouveau Roman Redivivus

Pălărie tip Merlin

ici colo câte-o mânecă ţinând în mână o pipă,
câte-o pălărie tip Merlin și fărâme de picioare,
mai ales glezne în poziţii încordate, chinuite
într-o perpetuă schimbare, de parcă sufletul
ar fi sălășluit în ele, iar în spatele tău se afla
zidul gros și sigur, îl simţeai cu spinarea, simplu
și neted, îţi frecai când și când ceafa de el...
Prevestire a faptului că nu mai aveai scăpare.

Căci la o ofensă adusă naturii umane

trebuie să fii deosebit de atent, dacă
nu vrei să fii încolţit, sau să înduri ajutorul
cine ştie cărei mâini respingătoare...
O clipă ţi s-a părut că lucrurile vor lua
o întorsătură neprielnică, şi pe sub masă
picioarele ţi s-au încordat, dar încet-încet
luă naştere ceva ca un universal suspin,
o mireasmă care se înalţă, se înalţă
ca un val tălăzuind spre plajă, domolindu-şi
furia, în fine, în stropi şi castele de nisip
dornice a fi locuite de râsetul copiilor tăi...

Octet

Tulumba și lampa de sudură.
Vântul. Forme catehetice.
Strada fatală. Sacul.
Muzica și somnul.
Văgăuna. Panta. Tortură.
Sergentul. Moartea sergentului.
Lovituri endocraniene.
Vântul. La gura absentului.

Enigmă

O enigmă izvorăște doar din puritate,
spun ochii, orbitoare e amintirea
lor despre plutitoare erotice turniruri
în zbor de pescăruși și egrete,
despre acel tâmplar- templier
înecat, rostind scufundate versete:
oh, de-ar veni un om azi pe lume
cu barba de lumină-a patriarhilor,
cel așteptat cum e și scris și în Carte,
Ar trebui să vină, chiar dacă e prea
târziu pentru noi toți, vii sau morți...
O enigmă izvorăște doar din puritate.

Comisia de la Veneția

veți ști că numita Loredana Chivu a pozat
goală pentru Playboy, aflând din presă
tatăl ei s-a sinucis, ea însă continuă să ia
zeci de mii de like-uri pe Instagram...
suntem supuși unor fenomene extreme,
chiar și deja celebrul motan Bobby, întors
în sânul familiei după cincizeci de absențe
nemotivate, și chiar și noi, paznicii la baraca
de tir, fostul far din Alexandria, spre deosebire
de Comisia de la Veneția, căci ea nu există,
de vreme ce s-a stins „viața falnicei Veneții"...
un oraș fantomă, acele palazzi... părăsite,
bolnave de igrasia lagunei pe care-alunecă
gondole mortuare și vaporetti...
cealaltă comisie
din Veneția se întrunește-n insula-cimitir
San Michele, în sacristia de la San Marco,
la cafeneaua Florian sau la cele două muzee
Correr și Galleria dell'Accademia unde
inventariază tablouri de Vittore Carpaccio,
Paolo Veronese și Giovanni Bellini...

Miezul siderurgic

flautul sideral de dincolo
de culmile lumii, chiar şi
acolo înotam, despuiaţi,
înotam cu versul abisului
pe frunte, roşu sângeriu,
în timp ce aurul cel frumos
curgător îşi săpa în cea mai
adâncă intimitate căile sale-n
tărie în rând cu albspectralele
litere de cocori scriind
nenumitul pe care se caţără
pentru a face saltul mortal
în miezul siderurgic al Terrei...

Ravagiile melancoliei

Melancolia nu numai
că-şi îmbolnăveşte
victimele, dar le face
şi fudule şi mioape,
uneori chiar îngâmfate:
ele ajung să se creadă
precum Atlant care de
unul singur trebuie
să ducă pe proprii umeri
toate durerile lumii
ca şi cum ceilalţi,
cu zecile de mii n-ar
fi îndurat
aceleaşi dureri şi n-ar fi
rătăcit în acelaşi labirint.

Interviu

Se zice că Anticristul s-ar fi dezintegrat
în nanoparticule numite Coronavirus
și s-a cernut asupra lumii în formă
de invizibile bombe biologice
de foc și cenușă...
așadar să nu se mire
nimeni că ai aderat la grupul
groparilor de pe fb, administrat de un
tip descins din coșmarul cu sex, arcane
și asasinate, filmul acela... Twin Peaks...

Ești admis în urma unui interviu:
câte milioane de hematii ai
vărsat ultima oară la Banco-rex-ul
Religiilor, dacă urmezi zilnic un
program de terfelire prin delir provocat,
de ce și-a pierdut vocea Bono,
în plin spectacol, pe scenă,
ce înseamnă INRI, ce vehicol
preferi spre-a fi dus la bordelul
morților vii, de ce Aretha Franklin,
the queen of soul, a fost îngropată,
în petale de trandafir picior peste picior,
de ce femeilor le plac bărbații triști,
vânători de samuri în taiga???
Războaiele între palate și fâșii continuă...

Conviețuind

cel mai trist jet va fi fiind imaginația
care decade la cota cea mai
joasă, nici vorbă de cap doar
remușcări nici inimă, numai atât cât
să te menții în viață de pe o zi pe alta,
ispitit să cobori în cada publică
sau chiar să urci la cer decât acolo
plângi mai puțin din lipsă de cuvinte,
ce-ar fi să conviețuiești cu lupus,
și să dansezi cu el, eritematos,
în lumea de sus, în lumea de jos,
în lumea asta prea puțin cantabilă
în lumea asta foarte puțin probabilă,
conviețuind cu moartea, adorabilă.

Talcioc

Forţând-o, pentru că se înţepenise,
cum se întâmplă adesea cu lucrurile
găsite în talcioc, – marea cutie
imaginară modern style, în care
ordonaseşi poveştile Emei din copilărie,
le-ai reinventat pe jumătate treaz
în lumina onirică prefăcute-n comori:
fetiţa cu plete de fildeş, figuri zodiacale,
broderia în relief cu capul de mort,
şi deasupra lui, două tibii încrucişate,
brodate cu fir de argint, simboluri
ale-asfinţitului, ale jocurilor
homoerotice, ale deşertăciunii...

Scapi cartea din mâini,
iar capul îți cade pe piept

flăcările se potolesc, jarul pălește, visul țâșnește
și curge spre pășunea sa, dar straja veghează,
te trezești și te duci la culcare, mulțumind
Domnului pentru acest hatâr, cu greu dobândit,
ți se oferă tot felul de performanțe tip explorarea
triunghiului feminin al Bermudelor, o asemenea
vigoare, pace, în timp ce ploaia și rafalele
 șfichiuiesc
geamurile, iar gândul rătăcește, spirit pur,
printre cei ce nu au parte de culcuș, dezmoșteniții,
damnații, nevolnicii și nefericiții, ca și cum tu ai fi
cel mai fericit om din lume, vai ce farsă ți se
 joacă...
„căci vis al morții eterne e viața lumii-ntregi".

BIOBIBLIOGRAFIE GEO VASILE

ITALIENIST, CRITIC LITERAR, PROZATOR, POET

Născut la Bucureşti, licenţiat al Universităţii Bucureşti, Facultatea de filologie italiană şi română din București, cu o lucrare de diplomă despre poezia şi proza lui Cesare Pavese. Profesor de ţară (1967-1971), bibliotecar (1971-1990), redactor pagină culturală la cotidianul *Dimineaţa* şi apoi la săptămânalul *Baricada* (1991-1996). Din 1994 membru al Uniunii Scriitorilor din România. Colaborator al câtorva reviste literare importante din Bucureşti şi din ţară.

Cărți publicate:

Volume de istorie şi critică literară (2001-2018):

Proza românească între milenii. Dicționar de autori, 2001.
Lumea în 80 de cărți. Dicționar de literatură străină, Editura Libra, București, 2003.
Romanul sau viața. Prozatori europeni, Editura MLR, București, 2007.
Epica analitică, personaje în filigran (2008).
De veghe în lanul de proză. De la Mircea Eliade la Mircea Cărtărescu, Editura Lumen, Iași, 2009.
Confluenze letterarie italo-romene. Confluențe literare italo-române, Poggio Reale Edizioni del Poggio, 2009.
Profili letterari italo-romeni. Profiluri literare italo-române, Editura PrincepsEdit, Iași, 2010.
Poezie română contemporană. Mărci Stilistice, Editura Junimea, Iași, 2010.
Europa în cincizeci de romane, Editura Institutul European, Iași, 2010.
Fără menajamente. Critici, istorici literari și eseiști români, Editura Institutul European, Iași, 2012.

Lecturi în filigran. Prozatori români de raftul întâi, EuroPress, București, 2017
Poeți reprezentativi ai postmodernității. De la Plumb (George Bacovia) la Gustul cireșelor (Ștefan Manasia), Editura Eikon, București, 2018.
Epica Universalis Filoane narative intramilenare, Editura Eikon, București, 2018.

Poezie originală (2001-2018) Ediții bilingve

Nimfe&Kimere.Ninfe&Kimere, în română şi italiană, debut, PrincepsEdit, Iaşi, 2010.
Psycho@terra.pia, în română şi italiană, Edizioni Lietocolle, Faloppio, Como, 2012.
Poezii cu efect sigur. Poesie ade effetto sicuro, ediție bilingvă, Ed. Ispirescu, 2014.
Scurtcircuit. Cortocircuito, versi, edizione bilingue, Edizioni del Poggio, 2015.
Hotelul Argonauților. Albergo degli argonauti, Charmides, 2016.
Sistola clipei. Sistole dell'istante, Ed. Grinta, Cluj-Napoca, 2017.
Oniroamniotice. Oniroamniotiche, Colorama, Cluj-Napoca, 2017.
Evagatio mentis, ediție bilingvă, Eizioni Aracne, Roma, 2017.
Inna. Viața&Opera. Inna.Vita&Opera, Edizioni Aracne, Roma, 2018.
Innamoramento. Scheda clinica, versi, Falvision, Bari, 2019.
Madonizând. Angelizzando, Cartea Românească Educațional, Iași, 2020.
Conceptia imaculată 80, Editura Grinta, Cluj-Napoca, 2022.

Poezie originală ediție în limba română

Delir cu taxă inversă, Editura Creator, Brașov, 2020.
Poezii, efecte secundare, Itaca Publishing House, Dublin, 2022.

Proză originală:

Roluri de compoziţie, roman, debut, Ed. Rafet, 2011, Marele Premiu Titel Constantinescu, Diplomă a Clubului de Proză al USR;
Discontinuitate, Ed. TipoMoldova, Iași, 2015.

Autori italieni traduşi în limba italiană în volum (proză şi eseu, 2004 -2023)

Italo Calvino, Monaldi & Sorti, Claudio Gatti, Umberto Eco, Giovanni Sartori, Marco Salvador, Gianni Riotta, Giovanni Guareschi, Tiziano Scarpa, Mauro Raccasi, Domenico Pisana, Dante Maffia DANTE ALIGHIERI. Infernul. Purgatoriul. Paradisul, versiune în limba română, prefețe, note de subsol, Editura Eikon, București, 2022, 3 vol.
DANTE ALIGHIERI INFERNUL. PURGATORIUL. PARADISUL, versiune în limba română, prefețe, note de subsol, Aracne Editrice, Roma, 2023, 3 vol

Antologii bilingve de poezie italiană (2004-2019):

Giuseppe Bonaviri, Paolo Ruffilli, Marino Piazzolla, Mario Luzi, Antonio Spagnuolo
Am delirat, imperfectă, pe scări. Da Arturo Onofri a Donatella Bisutti (37 de poeţi, microeseuri pentru fiecare autor, texte reprezentative în italiană şi în română și un amplu studiu al poeziei italiene în secolul XX, Ed. Contact Internaţional, 2011, 396 p.

Autori români: ediţii bilingve: 2000-2020, apărute în România şi în Italia

MIHAI EMINESCU (6 ediții), GEORGE BACOVIA (2 ediţii), GELLU NAUM (2 ediţii), ION VINEA, DANIEL CORBU, LIVIU PENDEFUNDĂ, VALERIU ARMEANU, VICTOR MUNTEANU, GELA ENEA, ION DEACONESCU

Antologii bilingve de poezie românească: 2011-2017

Stupul invizibilului. L'alveare dell'invisibile. 150 de ani de poezie românească, Editura Contact Internaţional, Iaşi, 2013.
Poesia romena moderna e contemporanea. SOGNO SUONO SEGNO Edizioni Foglio Letterario, Piombino, 2014.
Te rog Beatrice. Una storia soggettiva della poesia romena. Ti prego Beatrice, Tracus Arte, 2015.
Repere perene în poezia română. Il fior fiore della poesia romena, eseuri și poezii Edizioni Falvision, Bari, 2017.

PREMII (selectiv):

Premiul pentru traducere din română în limbi străine (ASB, 2000).
Premiul pentru traduceri, "Zilele revistei Convorbiri literare", 2009.
Medalia oaşului Veneţia pentru promovarea relaţiilor culturale româno-italiene,
Veneţia, 2009, decernată de Massimo Cacciari, primarul Cetăţii Dogilor.
Premiul ASB pentru traducere din limbi străine, 2009.
Premiul şi Diploma Memorialului Ipoteşti pentru promovarea în străinătate a operei eminesciene, iunie 2012.
Premi Flaiano, premio all'italianistica, Pescara, 2016.

Ordinul STELLA D'ITALIA ÎN GRAD DE CAVALER ACORDAT PRIN DECRET SEMNAT DE PREŞEDINTELE REPUBLICII ITALIENE GIORGIO NAPOLITANO, 2013.

ORDINUL NAȚIONAL „PENTRU MERIT" ÎN GRAD DE CAVALER, 2022
Decorație și diplomă acordate de președintele României, Klaus Werner Johannis

NOTE DE LECTURĂ

Geo Vasile
sau arta de a transfigura negativarea lumii

Geo Vasile: italienist, traducător, critic literar, poet, licenţiat al Universităţii Bucureşti, facultatea de filologie italiană şi română, cu o lucrare de diplomă despre poezia şi proza lui Cesare Pavese. Profesor, bibliotecar, redactor cultural la cotidianul “Dimineaţa” şi apoi la săptămânalul “Baricada”. Din 1994 membru al Uniunii Scriitorilor din România. Colaborator al câtorva reviste literare, între care “Luceafărul”, “România literară”, “Contemporanul”, “Viaţa Românească”, etc. Eventualii cititori pot avea o imagine cât de cât completă asupra biobibliografiei, citind fişa autorului pe Wikipedia. (EDT)

Acest minim exordiu are scopul de a invita cititorul curios să descopere un autor polivalent și polifonía sa scripturală. Cititorii care îl cunosc se vor bucura de o resetare de lectură a unui creator la care te poți întoarce prin interpretări și piste inedite de un număr infinit de ori, pe o măsură de unghiuri care deschid alte și alte perspective de abordare intertextuală a unei opere, alegerea noastră fiind în acest caz poezia, în deplină armonie pe axa poetic-poietic (îndrăznesc să afirm că este poezia cea mai armonioasă, *cantabile*, pe care am descoperit-o în limba română, până acum) pură, echilibrată, sensibilă, solemnă totodată, cu ţinută clasică, dar provocator de modernă prin contrapunct precis, subtil dozat, un modernism accesibil, ludic.

Mă regăsesc în idei şi preocupări cu Geo Vasile, interesul faţă de inimă şi semnele ei vitale, puncţii revelatoare de stări fiziologice, dovada că încă existăm, scanarea corpului, scanarea vieţii, încercarea de a ghici viitorul, nu acela care ne aşteaptă, mai degrabă acela care ne pândeşte, *suferindul* lucid, cel mai bun medic al bolii sale. Mă incită în lectura versurilor sale proximitatea cu rigoarea circumstanţială, zona intermediară, de trecere către senzaţia perceptibilă iniţiază figura de stil, posesoarea mesajului secret. Geo Vasile deţine arta de a transfigura negativarea lumii în tandreţe oximoronică, convertind-o liric cu abilitate barbiană, cât şi când trebuie, cu competenţa oricărui poet veritabil care se joacă cu direcţiile şi sensurile schimbând din mers azimutul. Ne-am propus să focalizăm aici 6 poeme din volumul antologic *Trinity, Poeme de dor, dolor, doloris,* oferind o interpretare asistemică, cu intenţia de a partaja încântarea unei lecturi într-un moment în care cartea de poezie nu numai că nu vinde, spre disperarea editorilor, dar ceea ce e mai grav, este desconsiderată de cititori precum cenuşăreasa din basmul omonim.(EDT)

Poemul „**Ochiul roşu**" este o pseudo-elegie dedicată supravieţuirii, o ecuaţie în care rezultatul este un număr întreg, finalul tonic, reflexiv este cheia de lectura. Frica de moarte se tratează prin explorarea ei. Cui pe cui. Din zona de pericol, moartea se poate sfida, domina, este regula oricărui joc în care nu mai există miză. Întâlnirea cu moartea este atemporală, surprinzătoare cu toate că întreaga existența este un formativ al acestui pasaj. Principiul imunizării, funcționează, exorcizarea își face pe deplin efectul. Tu nu fugi, ea fuge. O viziune sportivă asupra trecerii, culori în alternanță, roșul iubirii, roșul sângelui și al pericolului, albastrul speranței, al adevărului și al liniștii, nicio ambiguitate, niciun exces: *„ți-ai lăsat gândurile să se/exfolieze precum pielea/de pe glezne,/treptat lumea/din jurul tău se prefăcea/și pe cer strălucea a doua/lună, apoi cam la aceeași/depărtare l-ai văzut. Ochiul roșu./Te-ai ridicat iute/în picioare, acum puteai să te/preschimbi în trupurile altor/făpturi și spirite, acum erai/albastru, numai mâinile îți/erau de un cafeniu șters./Ai susținut sfidător privirea/Ochiului... există oare un fel/mai potrivit de a-i alunga/teama de moarte cuiva care/se teme, decât arătându-i-o???/"*

„Sonet cu magnolii" este un sonet *anatomic*. De primăvară, cu pulsul marcat pe „sistola suplă" care scutură magnoliile. Momentul ideal în care timpul „tragic" se poate citi pe tegumente, sau în oglinda care reflectă într-o altă oglindă numai duminicile terestre, nu și pe cele din vis. Aproape ca semnificant de poemul „**Viitorul**" de Julio Cortazar: „Şi ştiu foarte bine că nu vei fi./ Nu vei fi pe stradă,/în murmurul ce izvorăşte din noapte/din stâlpii de iluminat,/nici în gestul de a alege meniul,/nici în surâsul ce alină/nici în cărţile împrumutate/nici în cuvântul de rămas bun./Nu vei fi în visele mele,/în destinul dintâi al cuvintelor mele,/nu vei fi nici într-un număr de telefon/sau în culoarea unei perechi de mănuşi/şi nici într-o bluză./" „Mai presus de realismul magic" Geo Vasile focalizează magia instanţei, pe care o scanează meticulos și o păstrează în memoria chinestezică. Iubirea alege cuvinte ciudate, tonalitatea este vag tristă, aducerea-aminte se deschide acum și aici, un ultim popas înainte de rătăcire, ca și floarea de mac, una dintre florile cu cea mai scurtă durată de viață, una dintre cele mai fermecătoare flori. Somnul prezervă intimităţi, starea de bine și esența mesajului, precum ulcioarele de la Pompei păstrează vinul nealterat, după cum marea trântită de mal plimbă imaginea nealterată a luminii chiar înainte de răsăritul soarelui. Ochiul este de această dată un auxiliar al jocului erotic, dar și tunelul misterios către începutul noului sfârșit. „Ochiul tău coboară spre-ombilicul helicoidal/al iubitei, vă priviți, vă spuneți cuvinte/extravagante, presărate cu sonuri de caval,/vă iubiți precum macul și aducerea – aminte,/ dormiți precum vinul în ulcioarele/de la Pompei, precum zbuciumul mării/în fluxul sangvin al arterelor zării,/. Timpul este polifuncţional, un medicament universal, un remediu împotriva răului, o sursă potențială a speranței chiar acolo unde a încetat să mai existe, dar este și începutul sfârșitului. Ultimele trei versuri, gnomice, pot fi singure un alt poem filozofic despre începutul care are mereu nevoie de un sfârșit: „e timpul să se spele cugetul de cele rele/e timpul ca și piatra să învețe sănflorească,/și timpul să înceapă să sfârșească!!!/" Regnul mineral umanizat, detoxifierea gândului, premisele schimbului dintre timpuri, cel care își închide ciclul, cel care urmează.

Un poem cu rimă: „**Sonetul hematiilor**", o schimbare de registru, o demonstrație a deconstrucției în care muzicalitatea alimentează surprinderea lingvistică, Geo Vasile fiind un constant iubitor de Mallarmé, un creator de spațiu de coabitare poetică a cuvintelor, acordându-le dreptul la inițiativă. „Scăpărătoare-s hematiile din să trăiască/cenușa din dezastre îneacă notele de canto,/gazata noastră amintire dă să nască/perle pentru biruitorii pe mare la Lepanto./ Seceri mecanice peorbite de comete deshumate,/albi cenușii cocori stelari migrând spre lună,/te-arunci în val vărsând preaplinul de carate,/decolorând chiar marea în spume de nebună. /Un bloc de sare cristalizat, luminiscent pe plajă,/dă la iveală scrisori de-adio semnate de-necați/ce se întorc pe seară în stoluri de rumoare.../Se-aude rugăciunea de la taverna – „A mării vrajă" –/în amintirea celor fără de mormânt, plecați/sub anabasice rafale, sfințindu-le prin vânt cărare... Ni se oferă un repertoriu al stărilor ființei, al surselor de energie – „scăpărătoare-s hematiile" – de către un autor convins că sfârșitul care închide sisteme este egal cu începutul care le deschide într-o ordine implacabilă.

„**Aruncare de zaruri**". O perspectivă estetico-filozofică despre hazardul stabil. Despre destinul ființei structurat pe distrugerea, eventual, creatoare: „În fiecare zi o picătură de sânge/vărsată în Marea Profund Roșie/ poate-nsemna: o aruncare de zaruri/nu va aboli niciodată hazardul,/în caz că omul ar fi/cel mai înrăit vrăjmaş al omului,/iar tu ai fi cel mai bun prieten al iluziei/". Condiţionalul optativ lasă loc pentru interpretări, ironia delicată însoţeşte sentinţa potenţială, fiecare ar trebui să prevadă un răspuns, o variantă, *planul B*.

Existenţa supusă legilor rezistenţei privită ca un cantonament sportiv de o durată relativă, „ţintă predilectă-a săgeţilor" este provizorie, „o aruncare de zaruri pe groapă"/. Poemul se închide circular, Geo Vasile revine la ideea implicită de hazard existenţial, un joc de zaruri, poate, singura certitudine.

„**Trup şi suflet**" conectează părţile structurale ale fiinţei, antagonist funcţionale, trupul şi sufletul, într-un tandem al prefacerii: „În ţesătura trupului se gravează/orice prefacere a sufletului,/orice tortură, triumf, cădere,/ascensiune, compasiune/. Chiriaşul trupului, sufletul, îi imprimă acestuia propria-i amprentă, privitorul atent poate face lectura stărilor de bine, de rău. Totuşi, în viziunea poetică a lui Geo Vasile există un loc singular, privirea, (*ochiul*) „pe abscisa înaltă-a privirii, oglindă/a zorilor şi asfinţitului tău, în sfera/unde se reproduce/circularitatea corpurilor cereşti,/în care sufletul se exprimă în chip suveran"/, în modul său distinct, conectat la univers, la un *acolo* pe care trupul muritor nu-l poate înţelege. Jocul de cuvinte *sufletul* se exprimă *în chip suveran* accentuează dihotomia părţilor, dar nu elimină nici la nivel ideatic, nici la nivel estetic coabitarea tolerantă.

Am ales să închid seria celor şase poeme cu „**Reţea de socializare**". Constatarea poetului în legătură cu noua tehnologie, „noului obicei la modă auto-avatar selfie, confesiune” este ironică, explicit gnomică. Existența devine un mod virtual, modelabil cu ajutorul programelor specializate. Tu nu mai ești tu, doar un prim plan, spusele tale trebuie să fie public atrăgătoare, orice acțiune de *seducție* fiind „istovire și amăgire/ în ceea ce te privește pe tine și lumea.../În această formă de manipulare globală, virtuală chiar și nevoia de a ispăși, chemarea în ajutor și Mântuirea își găsesc loc și adepți, „numai că Mântuirea/ nu are cont pe facebook”/.

Un crez poetic ce derivă în mare parte din autoficțiune, o conștiință poetică care reflectă stări de fapt, vicii de sistem social în derivă. Observarea fenomenului este obiectivă, cerebrală, fără panică, doar o tristețe cronică, pe care la o altă lectură o poți converti în speranța viitorului apropiat, sfidând sfârșitul care trebuie să aibă loc într-o formă sau alta, o viziune apropiată de cea a lui Cesare Pavese: „În negura iernatică/Omul trăiește între ziduri de străzi, bând/apă rece și mușcând dintr-un codru de pâine./ Unii cred că după asta viața renaște. / („Simplitate”). Eu care nu frecventez și nici nu scriu din varii motive poezie de dragoste, ei bine, pot spune că această specie lirică prezentă în viitoarea carte a lui Geo Vasile este eupneică, am putut să o parcurg: nimic nu este prea mult, nimic nu este prea insistent, formatul este discret, sentimentul nu este de vânzare, ci doar un mijloc de a ajunge la un adevăr, extraordinar act de comunicare estetică a stărilor emoției globale.

Dacă l-am ruga pe Geo Vasile să ne orienteze în acest timp, am convingerea că ne-ar propune simplitatea, puritatea, adevărul, eleganța, ironia temperată, exprimate cu un lexic intenționat laconic, surprinzător avangardist. Dar intenția sa nu este să creeze un pretext pentru exprimarea unei formule anume. Nu în primă instanță. Geo Vasile ne arată că între conștiință și visare, până la un punct există coabitare. După ce aceste planuri se separă, ne rămâne fiecăruia să facem ceea ce trebuie făcut.

Elsa Dorval Tofan

CUPRINS